Veit Key

본 교재는 베트남어를 공부하던 중 어려움을 느끼시거나,

처음 베트남어를 공부하시는분을 위한 교재입니다.

언어 자격 시험을 위한 교재라기보다는

베트남어에 대한 기초 감각을 잡아주는 교재라고 생각하시면 될 것 같습니다.

(물론 이 책을 공부한 독자와 아닌 독자의 베트남어 흡수 능력은

눈에 보일 정도로 차이가 나리라 확신합니다.)

Veit Key

베트키 :
베트남어를 쉽게 배우는
치트키 북

이수연 지음
Designed by Properworks

베트남어 입문용

좋은땅

차 례

저는 23~30살까지 7년이란 시간 동안 무근본 1개 국어에서 4개 국어를 나름 유창한 수준으로 끌어올린 경험이 있습니다. 관련 자격증은 HSK 6급 221점, GRE(해외 석사 입학 영어 시험), 베트남어는 비즈니스 레벨까지 도달했습니다.

하지만 자격증은 단순히 실력 증명을 위한 것일 뿐, 실전의 언어 구사 능력과는 별개입니다. 외국어 학습을 할수록 어느 학원을 막론하고 모든 외국어 교육은 학습하기가 '정말 어렵다'라는 생각이 끊이지 않았습니다.

학생을 가르치는 선생님 입장에선 점수를 얻기 위한 가르침을 반복할 뿐, 어떻게 하면 학생들이 더 잘 외울 수 있을까에 대한 고찰을 하는 선생님은 드물죠. 단순히 뭉치로 된 단어장을 깜지로 만들어 외워보기도 하고, 반복적으로 10번 넘게 책을 돌려보기도 하고, 일상생활 속에서도 단어장을 놓지 말란 선생님의 말씀을 듣고 포켓 단어장을 만들어 읽으며 횡단보도를 건너다 차에 치여 고인이 될 뻔한 단어 시험 꼴등 친구까지....

자, 이렇게 열심히 외운 단어들은 지금 일부를 제외한 70%는 머릿속에 떠오르지 않습니다. 붓에 물을 적셔 돌 위에 수없이 반복해 글자를 적는다 한들, 한 달 뒤에 그 돌 위엔 글자의 흔적조차 없다는 것과 같다는 비유를 들 수 있겠네요.

물론 시험을 위해 그 지속성을 어느 정도 유지할 순 있겠으나 평생 가져가야 할 나의 강점이자, 스킬로 만들 순 없습니다. 저는 시험을 위한 외국어보다 해외 무대에서 성장하고 싶었고, 배운 외국어를 시험 종료와 동시에 서서히 잃어버리고 싶지 않았습니다.

그 후로 스스로 연구와 고민을 거듭한 끝에 외국어를 좀 더 오랫동안 배우는 법을 고민하였고, 나름의 노하우를 획득하여 이렇게 여러분께도 조금이나마 도움이 되고자 책을 쓰게 되었습니다. 외국어는 시간이 더 걸려도 깊게, 쉽게 공부해야 반복해야 효과가 극대화되고, 무기화할 수 있는 본인의 강점이 됩니다.

*여기서 무기화란 외국어 구사에 문제가 없고, 외국인과의 대화를 통해 관계를 쌓는 데 무리가 없는 정도의 수준을 의미합니다.

저는 여러분께 저의 작은 노하우를 공유하고자 합니다. 말은 작다고 했으나, 이 교재는 어느 교재보다 베트남어를 쉽게 배울 수 있는 교재라고 자부합니다.

❶ 발음과 성조

발음과 성조 부분에 '성조 그냥 한번 훑어보기만 하세요. 외우지마시고요.'

성조, 발음 공부하는데, 시간과 애를 쓰지 마세요. 영어로 표기되었음에도 불구하고 베트남어를 가장 이질적으로 보이게 하는 요소가 바로 성조죠.

글자 위에 꼬불꼬불하게 적혀있는 성조는 베트남어를 처음 공부하는 학생에겐 큰 숙제이기도 합니다. 저는 과감하게 성조는 '이 정도가 있구나'하고 눈으로 한번 공부하고 지나갈 뿐, 머리 아프게 외우게 하지 않습니다.

그 수많은 성조를 현지인이 아닌 이상 외우기엔 시간이 너무 많이 걸릴뿐더러, 현지인과 베트남어로 문자, 메신저를 사용할 때 성조를 기입하지 않아도 모두 다 이해합니다. 베트남어 초고수가 되실 거라면 외우실 거면 외우십시오.

저 또한 성조를 아직 자신 있게 외웠다고 할 수준은 되지 않으나 업무 진행, 일상생활에서 전혀 불편함을 느끼지 않습니다. 성조를 외우고 스트레스받을 시간에 차라리 단어를 보시고 회화 연습을 하시는 걸 추천해 드립니다.

성조가 없는데 어떻게 현지인이 알아듣는가? 문맥으로 파악합니다. 예를 들어 'Moi'라는 단어는 성조와 발음에 따라 '입술, 초대하다, 새로운, 각각의'라는 뜻으로 번역되고, 만일 'Chi moi em'이라고 할 시, 현지인은 'Moi'의 성조가 틀렸는지 맞았는지를 구분하지 않고 문장을 들으면서 이 상황의 'Moi'가 어떤 'Moi'인지 유추합니다.

사실 베트남에 주재하고 있는 한국인 중 베트남어를 잘하신다는 분 90% 이상은 현지인과 문자 혹은 카카오톡을 할 때, 성조를 전-혀 쓰지 않습니다. 그런데 대화가 잘됩니다. 이유는 위에서 말씀드렸다시피, 성조로 구분하는 게 아닌 그 상황과 문맥을 보고 뜻을 유추하기 때문입니다. 그러면 성조는 아예 필요가 없는 건가요? 필요합니다. 그러나, 성조를 익히는 방법은 깜지와 보는 것으로 외우는 것이 아닌 사운드를 익히셔야 합니다.

현지인이 말하는 것을 듣고, 그대로 '성대모사, 모방한다'라는 느낌으로 따라 하시면 됩니다. 물론 처음엔 현지인과 대화할 때에 현지인이 못 알아들을 수도 있습니다 ^^; 그러나, 처음부터 잘하는 사람은 없고, 성조 체계에 익숙하지 않은 외국인이기에 시간을 두고 계속해서 반복하다 보면, 어느새 자연스레 익히게 됩니다. 절대, 성조와 발음은 단기간에 잡히는 게 아니므로 시간을 두고 계속해 나간다는 느낌으로 하시면 됩니다. 아래는 현지인과 제가 문자를 주고받은 내용입니다. 성조가 하나도 없어도 모두 이해를 하죠?

② 단어 공부

한국어랑 유사한 단어부터 공부하시면서 베트남어에 대한 어휘력을 빠르게 늘리세요.
성조가 필요 없다면 단어를 외우는데 부담이 훨씬 적어지죠? (아닌가요?;) 베트남어는 사실 한국인이 접근하기 쉬운 언어 중 하나입니다. 베트남어, 한국어 모두 한자 문화권에서 파생된 지라 초급, 중급, 고급으로 넘어갈수록 배우기가 훨씬 쉬워지고 중국어보다 훨씬 더 쉽게 배울 수 있습니다.

발음만 틀릴 뿐, 한국어와 동일한 단어가 매우 많습니다. 저는 무작정 깜지로 외우는 게 아닌 한국인이 쉽게 배울 수 있는 단어부터 시작해 지속해 연결되는 단어 학습법을 소개해드립니다.

두 가지로 분류할 수 있는데, 첫 번째는 한국어와 너무도 유사한 단어, 두 번째는 발음만 변형되었을 뿐, 한국어와 유사한 단어입니다. 예를 들어 한국어로 '방법'이라는 단어는 베트남어로 'Phuong phap(프엉 팝)'이 됩니다. 방향 '방', 법 '법' 자 모두 동일한 한자를 쓰고 있죠. 여기서 '?방(Phuong ,프엉)'으로 뻗어나가면, 방안 (Phuong an, 프엉 안), 지방(Dia Phuong, 디아 프엉)으로 뻗어나가고, 법(Phap, 팝)으로 나가면 법률(Phap luat, 팝 룻) 까지 뻗어나가죠. 이런 식으로 처음 최대한 비슷한 단어들로 언어에 대한 친숙함과 단어량을 동시에 확보하시면, 잘 외워질 뿐 아니라 훨씬 더 오래갑니다.

여러분은 단어를 못 외우는 게 아닌, 효율적인 방법으로 지도받지 않았기에 공부하기가 힘드셨던 겁니다. 이 책은 연상법으로 단어를 금방, 오랫동안 외우게 도와드립니다.

❸ 문법 공부

베트남어는 영어와 같이 주어 동사, 목적어 순으로 어순이 배열되고 이전 오른쪽에서 왼쪽으로 글씨를 적어나간 역사가 아직도 남아있어 헷갈리는 요소가 많습니다. 여러분, 이것 또한 단기간에 극복할 수 있는 문제가 아닙니다. 학원에서야 단기간에 빠르게 성적을 올리기 위해 문제를 엄청나게 내주지만, 사실 문법을 가장 빠르게 익힐 수 있는 수단은 작문입니다. 하루에 한 문장씩 천천히 연습해나가시다 보면 3개월이면 문법 체계가 잡히니 너무 조급하게 생각하지 마시고, 천천히 공부하세요! 조급해하지 마시고, 천천히 공부하세요!

● 베트남어 자음, 모음, 끝자음 표기

VN	발음
A / a	ㅏ
Ă / ă	ㅏ
Â / â	ㅓ
B	ㅂ
C	ㄲ
CH	ㅉ
D	(북부는 ㅈ, 남부는 ㅇ)
Đ	ㄷ
E	ㅔ
Ê	ㅔ
G	ㄱ
GH	ㄱ
GI	ㅈ
H	ㅎ
I	ㅣ
K	ㄲ
KH	ㅋ
L	ㄹ
M	ㅁ

VN	발음
N	ㄴ
NG	응
NH	ㄴ
O	ㅗ
Ô	ㅗ
Ơ	ㅓ
P	ㅂ/ㅃ
PH	ㅍ(=f)
Q	ㄲ
R	(북부는 ㅈ, 남부는 ㄹ)
S	ㅆ
T	ㄸ
Tr	ㅊ
Th	ㅌ
U	ㅜ
Ư	ㅡ
V	ㅂ
X	ㅆ
Y	ㅣ

● 끝자음 (문장 끝에 적힌 발음)

VN	발음
P	ㅍ
T	ㄸ
C	ㄱ
CH	ㄱ

VN	발음
M	ㅁ
N	ㄴ
NH	인/ㄴ
Ng	ㅇ

Tips

1 Ă와 A, Ê와 E, ô와 O 차이점은 신경쓰지 않아도 됩니다.

   * 음의 장단의 차이가 있다고 하지만, 실제 발음시 크게 차이가 없습니다.

2 자음 뒤, H 가 안들어가는 발음은 쌍자음으로 발음하세요

   * C (ㄲ), Ch (ㅉ), K (ㄲ), Kh (ㅋ)..

3 D 와 Đ

   * Đ 가 우리가 생각하는 디귿 발음, D은 이응입니다.

4 R 발음

   * R은 남부는 리을, 북부는 지읒으로 발음하는데, 한국어와 가깝게
     매칭되는 발음은 지읒입니다.

   Ex) R ƯƠU (즈오우) , 술 주 酒

5 NG 발음

   * NG는 '응'으로 발음이되고, NG가 들어가면 한 글자에 두 발음이 들어갑니다.

   Ex) Nguyen (응 우옌), Nguy (응 우이), Ngo (응 오)

6 Ư 와 U

   * Ư는 '으'로 발음되고, U는 '우'로 발음됩니다.

7 ƯƠ 발음

   * ƯƠ는 '으어'로 발음되고, NG 발음과 마찬가지로, 한글자에
     두 발음이 들어갑니다.

   EX) NƯỚC (느 억), PHƯƠNG (프 엉)

> 이 책은 빠른 어휘 학습을 위해 북부의 발음을 차용하되,
> D 발음은 남부의 발음으로 학습하도록 하겠습니다.

● 대명사

VN	KR
Em	본인보다 나이가 적은 사람을 칭하는 말 / 그늘 음 陰
Anh	본인보다 나이가 많은 남자를 칭하는 말 / 볕 양 陽
chị	누나,언니 뻘에게 칭하는 말 / 누나 저 姐
cô	고모 뻘의 여성에게 칭하는 말 / 시어미 고 姑
chú	삼촌 뻘의 남성에게 칭하는 말
nó	그것
tôi	나
bạn	너
chúng ta/ chúng tôi	우리
họ	그들

● 숫자

1. 숫자

VN	Amount
Một	1
Hai	2
Ba	3
Bốn	4
Năm	5
Sáu	6

VN	Amount
Bảy	7
Tám	8
Chín	9
Mười	10
Mười một	11
Hai mươi	20

2. 돈과 관련된 숫자

VN	Amount
một trăm	100
hai trăm	200
Nghìn	1,000
Mười nghìn	10,000
Hai mười nghìn	20,000
Năm mươi nghìn	50,000
Một triệu	1,000,000

11p
Answer
1 10 Giờ 30 phút 2 11 Giờ 15 phút 3 12 Giờ 4 1 tiếng 5 2 tiếng
6 năm 2022 7 ngày mùng 6 tháng 12 8 6 tháng

12

3. 시간 개념

VN	Amount
Giờ	시
phút	분
giây	초
tiếng	시간

KR	VN
10:30	1 → _____
11:15	2 → _____
12:00	3 → _____
한시간	4 → _____
두시간	5 → _____

4. 시간 개념(월, 년, 일)

VN	Amount
Ngày	일
Tháng	월
Năm	년
Hôm nay	오늘
Hôm qua	어제 / 과거의 과

VN	Amount
2022 년	6 → _____
12월 6일	7 → _____
6개월	8 → _____

VOCA

Chapter 01	
Quốc [나라 국 國]	
1 **Hàn Quốc : 한국**	한국
2 **Trung quốc : 중국**	중국
3 **Mỹ: 미국**	미국
Mỹ [아름다울 미 美]	
4 **Mỹ phẩm**	화장품 / 한국어로 직역 시 미품
5 **Mỹ thuật**	미술
6 **Mỹ viện**	미용실 / viện은 기관 원 院, 국정원, 금감원 의 원 자입 니다.
Phẩm [물건 품 品]	
7 **Sản phẩm**	상품
8 **Phẩm chất**	품질 / 상품의 품질이 아닌, 사람의 품질을 평가할 때 씀
Chất [바탕 질 質]	
9 **Chất lượng**	질량 / 상품의 품질을 표현할 때 Chất lượng mỹ phẩm: 화장품 품질
10 **Bản chất**	본질
Lượng [헤아릴 량 量]	
11 **Số lượng**	수량
Số [셈 수 數]	
12 **Số điện thoại : 전화번호**	전화번호 ※ 수학은 Toan hoc 으로 산수의 '산'자를 씀
Toán [셈할 산算]	
13 **Toán học**	수학 / 한국어로 직역 시 산학
14 **Kế toán**	경리, 재무부 / 한국어로 직역 시 계산
Thuật [재주 술 術]	

15	**Mỹ thuật**	미술
16	**Nghệ thuật**	예술
17	**Phẫu thuật**	수술 / Phẫu 는 쪼갤 부자로, 해부 할때의 부 입니다.

Nghiệp [업 業]

18	**Công nghiệp**	공업
19	**Nghề nghiệp**	직업
20	**Nghiệp vụ**	업무

Vụ [힘쓸 무 務]

21	**Nghiệp vụ**	업무
22	**Phục vụ**	(직원의) 서비스 / 한국어로 직역 시 복무
23	**Dịch vụ**	(기업,가게의) 서비스 / 한국어로 직역 시 역무

Dịch [바꿀 역 易]

24	**Phiên dịch**	번역, 통역
25	**Giao dịch**	교역, 무역, 거래

Học [배울 학 學]

26	**Đại học**	대학
27	**Tâm lý học**	심리학
28	**Học**	공부하다
29	**Học sinh**	학생
30	**Văn học**	문학

Văn [글월 문 文]

31	**Văn hoá**	문화
32	**Văn minh**	문명
33	**Văn phòng**	사무실 / 직역 시 문방으로 표현

Phòng [방 방 房]

34	**Phòng**	방

35	**Phòng ngủ**	침실

Tam [마음 心]

36	**Tâm lý**	심리
37	**Tâm trạng**	심정, 마음상태 / 한국어로 직역 시 심상
38	**Quyết tâm**	결심

Quyết [결단할 결決]

39	**Quyết định**	결정
40	**Quyết tâm**	결심
41	**Giải quyết**	해결

Giải [풀 해 解]

42	**Giải quyết**	해결
43	**Giải pháp**	해법

Pháp [법 법 法]

44	**Pháp luật**	법률 / Luật은 법 률 律자로, 변호사는 Luật sư, 률 사

Trạng [형상 상 狀]

45	**Trạng thái**	상태, 상황

Thái [모습 태 態]

46	**Thái độ**	태도

Chapter 02

Giảm [내려갈 감 減]

47	**Giảm giá**	할인 / 직역 시 감가
48	**Giảm cân**	살을 빼다 / 직역 시 감근, 우리나라 고기를 셀 때 ~ 근의 근입니다.
49	**Giảm tốc**	감속(속도를 줄이다)

Tốc [빠를 속 速]

50	**Tốc độ**	속도
51	**Cấp độ**	수준, 레벨 / 직역 시 급도

Cấp [차례 급 級 (급수,레벨) , 긴급할 급, 공급할 급]

52	**Cung cấp**	공급하다
53	**Cấp phát**	발급하다 / 한국어의 발급을 거꾸로 급발
54	**Cấp**	레벨, 수준 EX) Cao cấp, Trung cấp (고급 중급)
55	**Cấp thiết**	긴박하게, 급하게 / 직역 시 급절하다.(간절할때의 절)

Thiết [끊을 절切 (절박하다), 베풀 설 設(설계하다)]

56	**Thiết kế**	설계하다, 설계
57	**Thiết lập**	설립하다, 설립
58	**Cần thiết**	간절히
59	**Thiết bị**	설비
60	**Thân thiết**	친밀한 / 한국어로 직역 시 친절

Phát [쏠 발 發]

61	**Phát biểu**	발표
62	**Phát sóng**	방송
63	**Phát triển**	발전하다
64	**Phát âm**	발음
65	**Phát**	보내다, 발급하다

Âm [소리 음]

66	**Âm thanh**	음성
67	**Âm nhạc**	음악

Thể [몸 체 體]

68	**Cụ thể**	구체적인
69	**Thể dục**	체육
70	**Thể hiện**	체현하다

Hiện [나타날 현 現]

71	**Hiện giờ**	현재
72	**Hiện tại**	현재, 현존하는

73	**Biểu hiện**	표현하다, 묘사하다
74	**Hiện trường**	현장

An [편안할 안 安]

75	**An toàn**	안전한, 안전
76	**An ninh**	안녕하다

Toàn [온전할 全]

77	**Toàn bộ**	전부, 모두
78	**Hoàn toàn**	완전한, 모두

Hoàn [완전할 완 完]

79	**Hoàn thành**	완성
80	**Hoàn mỹ**	완벽한 / 직역 시 완미(아름다울 미)

Thích [알맞을 적 適]

81	**Thích**	좋아하다 / 나에게 적합하므로 좋다.
82	**Sở thích**	취미 / So 는 사무소의 소 所 자로, ~것, ~곳 이란 의미입니다.
83	**Thích hợp**	적합하다

Thú [재미 취 趣] /취미의 취

84	**Thú vị**	재미있는, 흥미로운 / 직역 시 취미
85	**Thích thú**	만족스러운 / 직역 시 적취

Sở [장소 所]

86	**Sở hữu**	소유하다

Hữu [있을 有]

87	**Hữu ích**	유익하다
88	**Hữu hiện**	유효하다

Hiệu [본받을 효 效]

89	**Hiệu quả**	효과
90	**Hiệu suất**	능률 / 직역 시 효출, 나갈 출 出 로써 효과가 얼마나 나오냐는 뜻

Xuất [나갈 出]

91	**Xuất khẩu**	수출 / 직역 시 출구, 입 口 구 자
92	**Xuất nhập khẩu**	수출입
93	**Xuất hiện**	출현하다
94	**Sản xuất**	생산하다 / 직역 시 산출, 낳을 산 産 으로써, 낳아서 보내다 즉 생산하다

Nhập [들어올 입 入]

| 95 | **Nhập khẩu** | 수입하다 / 직역 시 입구, 입 구 口 자 |
| 96 | **Nhập viện** | 입원하다 |

Sản [낳을 산 産]

97	**Sản lượng**	생산량
98	**Sản phẩm**	상품 / 직역 시 산품
99	**Sản xuất**	생산 / 직역 시 산출
100	**Bất động sản**	부동산
101	**Hải sản**	해산물

Hải [바다 해 海]

| 102 | **Hải biển** | 해변 |
| 103 | **Hải quân** | 해관 / 세관으로서 바다에 있어서 해관이라고 함. |

Viện [집 원 院]

| 104 | **Nhập viện** | 입원하다 |
| 105 | **Xuất viện** | 퇴원하다 / 직역 시 출원하다. 입원하다의 반댓말 |

Diễn [연기 연 煙]

| 106 | **Diễn viên** | 연예인 / 직역 시 연원, 배우를 뜻함 |
| 107 | **Diễn xuất** | 연출하다, 연기하다 |

Chapter 03

Nhiên [그러할 연 然]

| 108 | **Tự nhiên** | 자연스러운, 자연 |

109	**Đương nhiên**	당연한
110	**Đột nhiên**	돌연히
111	**Nhiên liệu**	연료
Liệu [되질할 료 料,(자료의 료)]		
112	**Tài liệu**	자료
113	**Phim tài liệu**	다큐멘터리 / 직역 시 자료 필름
Đặc [특별할 특 特]		
114	**Đặc biệt**	특별한, 특별
115	**Đặc sản**	특산, 특산물
116	**Đặc quyền**	특권
117	**Đặc hứa**	특허
118	**Đặc điểm**	특점, 주요점
Tập [모을 집 輯]		
119	**Tập trung**	집중하다
120	**Tập đoàn**	집단, 그룹
Quyền [권세 권 權]		
121	**Quyền lợi**	권리
122	**Quyền sở hữu**	소유권
123	**Quyền lực**	권력
Lực [힘 력 力]		
124	**Nỗ lực**	노력
125	**Lực lượng**	역량
126	**Năng lực**	능력
Năng [가능할 능 能]		
127	**Năng động**	능동적인, 적극적인
128	**Kỹ năng**	기능
129	**Khả năng**	가능성

Chapter 04

Mua [살 매 買]

130	**Mua**	(상품을) 사다

Khách [손님 객 客]

131	**Khách sạn**	호텔
132	**Khách hàng**	손님
133	**Khách quan**	객관적인

Ý [뜻 의 意]

134	**Ý nghĩa**	의의, 의미
135	**Ý kiến**	의견
136	**Ý thức**	의식

Vấn [물을 문 問]

137	**Vấn đề**	문제
138	**Phỏng vấn**	인터뷰하다
139	**Tư vấn**	자문하다, 컨설팅하다, 상담하다
140	**Cố vấn**	(기업) 고문

Thức [알 식 識]

141	**Ý thức**	의식
142	**Thưởng thức**	즐기다, 감상하다 (직역 시 상식)
143	**Chính thức**	정식적인, 공식적인

Chính [바를 정 正]

144	**Chính xác**	정확
145	**Chính trị**	정치
146	**Chính quyền**	정권

Xác [굳을 확 確]

147	**Xác nhận**	확인하다, 컨펌하다
148	**Xác định**	확정하다

Tin [믿을 신 信]

149	Tin	믿다
150	Tín dụng	신용
151	Thẻ tín dụng	신용카드
152	Tín hiệu	신호
153	Uý tín	위신, 명성

Tính [성 성 性]

| 154 | Tính cách | 성격 |
| 155 | Tính chất | 성질 |

Cách [격식 격 格]

| 156 | Quy cách | 규격 |

Chapter 05

Thất [잃을 실 失]

| 157 | Thất bại | 실패 |
| 158 | Thất vọng | 실망 |

Phương [모 방 方]

159	Phương án	방안
160	Phương pháp	방법
161	Địa phương	지방

Địa [땅 지 地]

| 162 | Địa điểm | 지점, 장소 |
| 163 | Địa chỉ | 주소 |

Pháp [법 법 法]

164	Pháp	법
165	Pháp luật	법률
166	Giải pháp	해법, 해결방법

Khổ [괴로울 고 苦]

| 167 | Khổ | 힘듦 |

Tài [재물재 財]

168	**Tài năng**	재능 (태어날 때 부터 갖고 있던 좋은 것)
169	**Tài sản**	재산
170	**Tài chính**	재정, 재무
171	**Tài nguyên**	재원, 자원
172	**Tài khoản**	계좌

Không [빌 공 空]

173	**Không gian**	공간
174	**Không**	숫자 0
175	**Hàng không**	항공사, 항공

Tiếp [이을 접 接]

176	**Tiếp tục**	계속하다 / 직역 시 접속
177	**Giao tiếp**	교제하다 / 직역 시 교접
178	**Trực tiếp**	직접
179	**Tiếp cận**	접근하다

Chapter 06

Khoa [과정 과 科]

| 180 | **Khoa học** | 과학 |
| 182 | **Văn khoa** | 문과 |

Lạnh [차가울 냉 冷]

183	**Lạnh**	춥다, 차갑다
184	**Đông lạnh**	냉동 / 직역 시 동냉
185	**Lạnh lùng**	냉랭하다, 냉정하다

Nghiêm [엄할 엄 嚴]

186	**Nghiêm khắc**	엄격
187	**Nghiêm túc**	엄숙
188	**Nghiêm cấm**	엄금 (엄격히 금지)

189	Trang nghiêm	장엄한
190	Uy nghiêm	위엄있는

Phục [돌아올 복 復]

191	Khắc phục	극복하다
192	Chinh phục	정복하다
193	Phục hồi	회복하다 / 직역 시 복회

Tạp [섞일 잡 雜]

194	Tạp chí	잡지
195	Tạp hoá	잡화
196	Phức tạp	복잡

Cảnh [경치 경 景]

197	Cảnh quan	경관
198	Bối cảnh	배경
199	Cảnh báo	경보
200	Cảnh sát	경찰

Bảo [보전할 보 保]

201	Bảo hiểm	보험
202	Bảo vệ	보위하다, 보디가드하다
203	Bảo lưu	보류하다
204	Bảo an	보안
205	Đảm bảo	담보, 담보하다

Hiểm [험할 험 險]

206	Nguy hiểm	위험하다

Chapter 07

Thành [이룰 성 成]

207	Thành công	성공하다
208	Thành quả	성과

209	**Thành phần**	성분
210	**Hoàn thành**	완성하다
211	**Thành viên**	구성원
Cảm [느낄 감 感]		
212	**Cảm ơn**	감은, 감사하다
213	**Cảm giác**	감각
214	**Cảm thán**	감탄
215	**Cảm động**	감동하다
216	**Tình cảm**	감정 / 직역 시 정감
Tình [뜻 정 情]		
217	**Tình yêu**	사랑 / 직역 시 정애
218	**Tình huống**	정황
219	**Người tình**	애인 / 직역 시 정인
Thống [통할 통 通]		
220	**Thống nhất**	통일
221	**Thống kê**	통계
222	**Truyền thống**	전통
Nhất [한 일 一]		
223	**Duy nhất**	유일한
Hợp [합할 합 合]		
224	**Hoà hợp**	화합
225	**Hợp tác**	합작하다, 계약하다
226	**Hợp lý**	합리적인
227	**Phù hợp**	부합하다
Tác [지을 작 作]		
228	**Tác phẩm**	작품
229	**Tác dụng**	작용하다

| 230 **Công tác** | 공작하다, 함께 만들다 |

Cộng [함께 공 共]

| 231 **Cộng đồng** | 공동의 |
| 232 **Công cộng** | 공중의 |

Chapter 08

Giấy [종이 지 紙]

233 **Giấy vệ sinh**	휴지 / 직역 시 위생지
234 **Giấy chẩn đoán**	진단서
235 **Giấy chứng nhận**	인증서, 자격증 / 직역 시 증인서

Vệ [지킬 위 衛]

| 236 **Vệ sinh** | 위생 |

Kết [맺을 결 結]

237 **Kết hôn**	결혼
238 **Kết luận**	결론
239 **Kết quả**	결과
240 **Kết thúc**	끝내다 / 직역 시 결속
241 **Kết hợp**	결합하다

Chứng [증거 증 證]

242 **Chứng từ**	증서
243 **Chứng khoán**	증권
244 **Chứng minh**	증명

Chapter 09

hành [행할 행(行)]

245 **hành động**	행동하다
246 **Hành chính**	행정
247 **đồng hành**	동행하다

đồng [같을 동(同)]

248 **đồng cảm**	동감하다, 공감하다
249 **đồng loại**	동류의
250 **đồng nghiệp**	동업

loại [무리 류 (類)]

251 **loại**	~류
252 **loại hình**	유형
253 **kim loại**	금속류 (직역 시 금류)

tự [스스로 자 (自)]

254 **tự**	스스로 (부사)
255 **tự do**	자유
256 **tự nhiên**	자연
257 **tự hào**	자부하다, 자랑스럽다 (직역 시 자호)
258 **tự tin**	자신있다, 확신하다

chiến [싸울 전(戰)]

259 **chiến lược**	전략
260 **chiến tranh**	전쟁
261 **chiến thắng**	전승

điều [가지 조 (條)]

262 **điều kiện**	조건
263 **điều lệ**	조례
264 **điều chỉnh**	조정하다
265 **điều tiết**	조절하다

thủy [물 수 (水)]

266 **thủy lực**	수력
267 **phong thuỷ**	풍수
268 **thuỷ tinh**	수정

công [장인 공 (工) , 공변될 공 (公), 함께 공 (共)]

269 **công nghiệp**	공업, 산업
270 **công trình**	공정, 프로세스
271 **công đồng**	공동의
272 **công cộng**	공공의
273 **công an**	공안
274 **công ty**	공사 (公社), 회사

địa [땅 지 (地)]

275 **địa lý**	지리
276 **địa chỉ**	주소 (직역 시 지지)
277 **địa điểm**	지점, 장소
278 **địa phương**	지방

trình [헤아릴 정 (程)]

279 **trình độ**	정도, 수준

định [결정할 결(決)]

280 **định giá**	가격을 결정하다
281 **cố định**	고정하다
282 **khẳng định**긍정적인	긍정의
283 **phủ định**	부정의
284 **định hướng**	방향을 정하다,~한 쪽으로 추세가 정해지다
285 **định lượng**	정량의, 정량

Chapter 10

cấm [금지할 금 (禁)]

286 **cấm**	뒤의 어떤 문장은 '~을 하지마시오'로 해석 하면 됩니다

tăng [증가할 증 (增)]

287 **tăng giá**	가격이 오르다
288 **tăng cân**	살이 찌다 (고기 근)
289 **tăng trưởng**	성장하다, 성숙하다 (직역시 증장)

290	**Tăng huyết áp**	혈압이 오르다
291	**tăng cường**	증강되다, 강화하다
trưởng [우두머리 장 (長)]		
292	**trưởng phòng**	실장, 사무실의 장 (직역시 방장)
ác [악할 악 (惡)]		
293	**ác độc**	악독한
294	**ác quỉ**	악귀, 악마
độc [홀로 독 (獨)]		
295	**độc thân**	독신의, 싱글
nhiệt [더울 렬 (熱)]		
296	**nhiệt độ**	온도 (직역시 열도)
297	**nhiệt liệt**	열렬히
phần [나눌 분(分)]		
298	**phần sở hữu**	지분 (직역시 소유분)
299	**phân loại**	분류하다
300	**một phần**	일부의, 일부분
301	**phần thưởng**	보상, 시상 (직역시 분상, 공을 나눈다는 의미)
302	**thành phần**	성분
303	**phần**	부분, 할당
304	**phân tích**	분석하다
305	**phân phối**	분배하다, 배급하다
đại [대신할 대 (代), 클 대 (大)]		
306	**hiện đại**	현대,현대의
307	**đại lý**	대리의, 대리점
308	**đại ca**	대가, 두목
309	**thời đại**	시대
thời [때 시 (時)]		

310	**thời gian**	시간
311	**thời tiết**	계절 (직역시 시절)
312	**thời sự**	시사, 뉴스
313	**thời trang**	패션,유행 (직역시 시장)
314	**đồng thời**	동시의
315	**tạm thời**	잠시의, 임시의
316	**thời hạn**	시한

hạn [한정할 한 (限)]

317	**hạn chế**	제한하다 (직역시 한제)
318	**hạn sử dụng**	사용기한
319	**quá hạn**	한계를 넘어서다 (직역시 과한)

Chapter 11

quá [지나갈 과 (過)]

320	**quá khứ**	과거
321	**quá**	초과하다, 매우

chế [억제할,지을 제, (製)]

322	**chế độ**	제도,체제
323	**chế biến**	가공하다 (직역시 제변)
324	**pháp chế**	법제, 법률제도

Kim [쇠 금 (金)]

325	**Kim cương**	다이아몬드 (직역시 금강)
326	**Kim loại**	금속류 (직역시 금류)
327	**hoàng kim**	황금

hoàng [누를 황 (黃)]

328	**hoàng hôn**	황혼
329	**huy hoàng**	휘황 찬란한
330	**hoàng cung**	황궁, 궁전

331 **hoàng gia**	왕가, 황제의 일족	
dẫn [끌어당길 인 (引)]		
332 **hấp dẫn**	유혹하다,(사람을) 끌어당기는 (직역시 흡인)	
333 **dẫn đạo**	인도하다, 안내하다	
334 **hướng dẫn**	안내하다, 가이드 (직역시 향인 , ~한 방향으로 이끌다)	
bí [숨길 비 (秘)]		
335 **bí mật**	비밀	
336 **bí quyết**	비결	
mật [빽빽할 밀 (密)]		
337 **mật khẩu**	암호 (직역시 밀구(口))	
338 **mật báo**	밀고하다 (직역시 밀보)	
khẩu [입 구 (口)]		
339 **khẩu trang**	마스크 (직역시 구장)	
340 **khẩu vị**	맛, 취향 (직역시 구미)	
đột [부딪칠 돌 (突)]		
341 **đột xuất**	돌출하다, (갑자기) 튀어나오다	
342 **đột nhiên**	돌연, 갑자기	
khó [어려울 고 (告)]		
343 **khó**	어려운	

Chapter 12

quý [귀할 귀 (貴)]		
344 **quý**	귀한, 존중하는	
345 **quý khách**	귀한 손님 (직역시 귀객)	
ảnh [그림자 영 (影)]		
346 **hình ảnh**	사진 (직역시 형영)	
347 **ảnh hưởng**	영향, 영향을주다	
phản [되돌릴 반 (反)]		

348 **phản đối**	반대하다
349 **bội phản**	배반하다
350 **phản ứng**	반응하다

Veit Key

베트키 :

베트남어를 쉽게 배우는

치트키 북

음성 파일

chapter

01

자기소개

Rat vui duoc gap chi soomin!

 Text

A: Xin chào. Tôi là Soomin. Bạn tên là gì?

안녕하세요. 저는 수민 입니다. 당신 이름이 뭐예요?

B: Xin chào. Tôi tên là Hương.

안녕하세요. 저는 Huong 이예요.

A: Tôi là người Hàn Quốc. Nghề nghiệp của bạn là gì?

저는 한국사람입니다. 당신의 직업이 무엇인가요?

B: Tôi là học sinh. Bạn sống ở đâu?

저는 학생입니다. 당신은 어디에 살고 있나요?

A: Tôi sống ở Tây Hồ. Bạn sống ở đâu?

저는 서호에 살아요. 당신은 어디 살아요?

B: Tôi sống ở kí túc xá. Rất vui được gặp bạn.

저는 기숙사에 살아요. 만나서 반갑습니다.

② Explanation

A: Xin chào. Tôi là Soomin. Bạn tên là gì?
안녕하세요, 저는 수민 입니다. 당신 이름이 뭐예요?

1 **Tôi** (또이) **& Bạn** (반) : 나 & 너 / 한자 짝 반 (半)

　　→ 동반자의 '반' 반려견의 '반' 자 입니다.

2 **Tên** (뗀) : 이름

3 **Là** : ~은, 는 / 영어 Be 동사 (am, are, is)

4 **Gì**(지) : 뭐, 뭐가 / What ?

A: Tôi là người Hàn Quốc. Nghề nghiệp của bạn là gì?
저는 한국사람입니다. 직업이 무엇인가요?

5 **Người** (응어이) : 사람

6 **Hàn Quốc** (한 꿕) : 한국 / 나라 국 國

7 **Của**(꾸어) : ~의

　　→ 영어의 of와 똑같은 기능과 용법, 목적어 of 명사

8 **Nghề nghiệp** (응혜 응이엡) : 직업 / Nghề 재주 예, Nghiệp: 업 業

　　→ 어떤 전문적인 분야에서 업을 쌓는다는 의미로, 직업은 베트남어로
　　예업 입니다!

9 **Nhân viên** (년 비엔) : 직원 / 사람 인 人, 인원 원 員

　　→ 베트남에선 직원이 아니라 인원 이라고 부른답니다.

B: Tôi là học sinh. Bạn sống ở đâu?
저는 학생입니다, 당신은 어디에 살고있나요?

10 **Học sinh** (홉 싱) : 학생 / 배울 학 學, 날 생 生

11 **Sống**(쏭) : 살다 / 살아있을 생 生

12 **Ở**(어) : ~에 / 영어 At

→ 영어의 At 처럼 장소 앞에 Ở 를 붙여주세요.

13 **Đâu**(더우) : 어디 / Where?

B: Tôi sống ở kí túc xá. Rất vui được gặp bạn.
저는 기숙사에 살아요. 만나서 반갑습니다.

---

14 **Ký túc xá**(기툭사) : 기숙사

→ 한국어 기숙사와 굉장히 비슷하쥬?

15 **Rất**(젓) : 매우

16 **Vui**(부이) : 기쁘다

→ 기뿌이

③ Grammar

1 Là

→ 영어의 Be 동사 '은, 는, 이, 가'입니다.

Tôi là Kim su mi. 나는 김수미이다.
Bạn là người Việt Nam. 너는 베트남인이다.
Tôi là người Hàn Quốc. 나는 한국인이다.

2 Ở

~에

→ 장소 앞에 쓰이는 전치사

Tôi sống ở ký túc xá. 저는 기숙사에 삽니다.
Tôi sống ở Seoul. 저는 서울에 삽니다.
Tôi ở Hồ Chí Minh. 저는 호치민에 있어요.

④ Tips & expression

VN	KR
Xin chào	안녕
Tôi tên là ~.	내 이름은 ~야
Tôi sống ở ~.	나는 ~에 살아
Nghề nghiệp của bạn là gì?	너의 직업은 뭐니?
Ở đâu	어디?
Gì	뭐, 무엇
Ai	누구?
Hàn Quốc	한국
Trung Quốc	중국
Mỹ (Quốc)	미국
Nhật Bản	일본
Vui	기쁘다
Buồn	슬프다
Tốt	좋다

Tip !

베트남 친구들은 시골쪽은 정이 깊고, 가족을 중시하며, 친구간의 의리가 있습니다. 유머러스하고 근면성실하지요. 한국인 친구라면 자기 사정처럼 도와주는 친구도 많습니다. 도시 친구들은 똑똑한 친구들이 많고 예술적인 감각이 한국 못지않게 뛰어난 친구들이 많습니다. 음악, 미술같은 분야는 뒤떨어진다기보다 자기들만의 고유의 스타일이 뚜렷합니다.
한국에 매우 우호적인 감정을 지니고 있으며 의외로 브랜드를 선호하여, 유명한 상품을 선물하게 되면 그 우정이 매우 오래 지속(?) 될 수 있습니다.

⑤ Question

1 너의 이름은 뭐니? → _____?

2 너는 누구니? → _____?

3 언니 어디있어요? → _____?

4 언니 일본에 있어. → _____.

5 나의 이름은 OOO이다. → _____.

6 나는 한국 사람이다. → _____.

7 나는 미국 사람이다. → _____.

8 당신은 어디 살아요? → _____?

9 저는 기숙사에 살아요. → _____.

10 저는 학생입니다. → _____.

11 만나서 반갑습니다. → _____.

12 누구 꺼니? → _____?

13 나는 오빠 꺼야. → _____.

Answer 1 Ban ten la gi? 2 Ban la ai? 3 Chi o dau? 4 Chi o nhat ban 5 Toi ten la 6 Toi la nguoi han quoc. 7 Toi la nguoi my. 8 Ban song o dau? 9 Toi song o ki tuc xa. 10 Toi la hoc sinh. 11 Rat vui duoc gap ban. 12 Của ai? 13 Em là của anh

음성 파일

chapter

02

슈퍼에서
siêu thị

 Text

A: Chào cô ạ.

안녕하세요 누님

B: Chào em
안녕~

A: Ở đây có banana không ạ ?

여기 바나나가 있나요?

B: Có ạ.

있어요.

A: Cái banana này là bao nhiêu tiền?

이 바나나는 얼마예요?

B: 1 cái là 20.000 ạ.

한개에 20,000동입니다.

A: Cái kia là bao nhiêu tiền?

저것은 얼마 입니까?

B: 100.000 ạ.

100,000동입니다.

A: Giảm giá được không?

가격을 깎아줄 수 있나요?

B: Em muốn giảm giá bao nhiêu?

너 얼마나 깎기를 원하니?

A: 80.000 được không ạ?

80,000동 가능해요?

② Explanation

A: Chào cô ạ.

안녕하세요. 누님

1 **Cô**(꼬) : 고모 / 시어미 고 姑

  → 고모의 고 자로, 고모뻘 여성 지칭 명사입니다.

2 본인보다 나이가 적으면 Em (엠), 나이가 많은 남자에겐 Anh (아잉)을 씁니다.

  → Anh, em 은 음양조화의 양과 음입니다.

   태양은 크고, 달은 작으니 태양이 오빠, 달은 동생

3 끝 부분의 a(아) 를 넣어줌으로써 경어가 됩니다.

A: Ở đây có banana không ạ?

여기 바나나가 있나요?

4 **Đây**(더이): 여기

  → Kia(끼아), Đây(더이) 끼아는 저기, 더이는 여기

  → 저기 저끼야! 더위(이)가 여기

   EX) Ở đây 어 더이, 여기에, Ở kia : 저기에

5 **Có & Không** = Yes & No / 있다, 없다.

  → Có(꼬) 는 있다. 있으므로 긍정적, Yes!

  → Không콩(빌 空) 비어있다, 즉 없다. 없으니까 부정인 아니다 No!가 됩니다.

   (또 다른 뜻으론 숫자 0(공)도 됩니다.)

   EX) Ở Seoul có 한강 ạ? = 서울에 있습니까 한강?,

   Ở Hà Nội có cái này không ạ? = 하노이에 있습니까 이것이?

A: Cái banana này là bao nhiêu tiền?

이 바나나는 얼마예요?

B: 1 cái là 20.000 ạ.

한개에 20,000 동 입니다.

6   **Cái**(까이) : 개 (갯수) / 한국어로 개 (몇 개) 입니다.

→ 영어처럼 셀 수 있는 명사 앞엔 모두 Cái를 붙여줍니다.

7   **Bao nhiêu**(바오 니유) : 얼마~

→ Bao nhiêu+ 물건, 돈, 시간 등등.. 모든 셈이 필요한 명사 앞에 붙이면
됩니다.

8   **Tiền**(띠엔) : 돈 / 돈 전 錢

→ 옛날 엽전을 사용하던 시대부터 내려온 단어로써 아직도 전을
사용합니다.

A: Cái kia là bao nhiêu tiền?

저것은 얼마 입니까?

9   **Cái kia**(까이 끼아) : 저것

10 **Cái này**(까이 나이) : 이것

→ Cái : '개', '것' 의 의미로 직역 시 '것 이', '것 그'로 어순이 바뀐 형태입니다.

A: Giảm giá được không?

가격을 깎아 줄 수 있나요?

B: Em muốn giảm giá bao nhiêu?

너 얼마나 깎기를 원하니?

11 **Giảm giá** (잠자) : 할인하다 / Giảm은 내려갈 감 減 , Giá는 가격 가 價,

→ 우리나라의 백화점과 회사에서 감가란 말이 있죠? 가격이 떨어진다는
뜻입니다.

③ Grammar

1 được không?

~을 할 수 있을까요? 있어요?(얻을 득 得, 빌 공 空)

→ '~을 할 수 있어요?'라는 뜻으로 문장 끝에 드억콩을 붙여주시면 됩니다.
영어로 'Can i~'와 똑같습니다.

Giảm giá được không? 할인 가능해요?

Cái này ăn được không 이 것 먹어도 되요?

Chị sống ở đây được không? 언니 여기서 살아도되니?

2 Muốn + 동사

~을 원하다 (Muốn, 원할 원 願)

→ '~을 원하다'라는 뜻으로, 동사 앞에 Muốn을 붙여주시면 됩니다.
영어로 'Want to'와 똑같습니다.

Em muốn giảm giá bao nhiêu? 너 얼마나 깎기를 원하니?

Chị muốn sống ở đâu? 언니, 어디에 살고 싶어해요?

Chị muốn sống ở Hàn Quốc 언니는 한국에 살고 싶어요.

3 Bao nhiêu(바오 니유) + 동사

얼마~

→ Bao nhiêu + 물건, 돈, 시간 등등.. 모든 셈이 필요한 명사 앞에 붙이면
됩니다.

Em muốn giảm giá bao nhiêu? 너 얼마나 깎기를 원하니?

Cái kia bao nhiêu? 저 것은 얼마예요?

Anh mua bao nhiêu táo? 오빠, 사과를 몇 개 사요?

Tips & expression

VN	KR
Có	있다
Không	없다, 아니다
Có - không?	~이 있어요?
Ở đây	여기에
Ở kia	저기에
Cái này	이 것(개)
Cái kia	저 것(개)
Giảm giá được không?	할인 가능해요?
Nhiều	많다
Ít	적다
Chuối	바나나
Táo	사과
Xoài	망고
Dưa hấu	수박
Sữa	우유
Đồ uống	음료
Bim Bim	과자
Băng vệ sinh	생리대

> **Tip !**
>
> 생활 관련 팁 : 베트남의 시장에서도 요즘은 외국인한테도 정직한(?)가격
> 을 받으려고하지만, 일부 상인들은 그렇지가 못한점이 아직은 많죠.
> 언어 관련 팁 : 질문은 문장 끝에 Không 만 붙이면 질문이 됩니다. 그것도
> 익숙하지 않으신분들은 끝에 ạ?를 붙이면 됩니다.
> EX) Chuối này tốt ạ? = Chuối này tốt không? = 이 바나나는 좋아요?

5 Question

1 여기 사과 있어요? → _____ ?

2 거기 바나나 있어요? → _____ ?

3 우유 어디있어요? → _____ ?

4 할인 가능해요? → _____ ?

5 언니 할인 얼마나 원해요? → _____ ?

6 이거 할인 가능해요? → _____ ?

7 망고는 20,000동입니다. → _____ .

8 언니 여기 살 수 있어요? → _____ ?

9 얼마예요? → _____ ?

10 나는 할인을 원합니다. → _____ .

Answer   1 Ở đây có táo không? 2 Ở kia có chuối không? 3 Sữa ở đâu? 4 Giảm giá được không? 5 Chị muốn giảm giá bao nhiêu? 6 Cái này giảm giá được không? 7 Xoài này là 20,000 8 Cô sống ở đây được không? 9 Bao nhiêu tiền? 10 Tôi muốn giảm giá

MEMO

03

올해 몇 살이에요?

năm nay bao nhiêu tuổi?

 Text

A: Bạn năm nay bao nhiêu tuổi?

당신은 올해 몇 살 입니까?

B: Tôi năm nay 23 tuổi. Bạn bao nhiêu tuổi?

저는 올해 23살이에요. 당신은 몇 살 입니까?

A: Chị năm nay 29 tuổi. Hương ơi

언니는 29살이에요. 흐엉씨.

B: Dạ vâng chị. Chị sinh năm 1996 ạ?

네. 언니 1996년생이죠?

A: Ừ. Em ơi, em cho chị số điện thoại được không?

응. 너 나한테 전화번호 줄 수 있니?

B: Số điện thoại em là 0398655555 ạ. Bây giờ chị cần về nhà, đúng không?

제 번호는 ~ 입니다. 지금 언니 집에 가야 하죠?

A: Ừm, chị cần về để mua hoa quả

응, 언니 과일 사야해서 집에 가야 돼.

② Explanation

A: Bạn năm nay bao nhiêu tuổi?

당신 올해 몇살입니까?

1   **Năm nay** (남 나이) : 올해

2   **Bao nhiêu** (바오 니에우) : 얼마

  → 시간, 돈과 같이 셀 수 있는 명사 앞에 붙입니다.

3   **Tuổi** (뚜어이) : 세, 나이 / 해 세 歲

B: Dạ vâng chị, chị sinh năm 1996 ạ?

네. 언니 1996년생이죠?

  Dạ vâng (야 벙) : 네.

  → 높은 사람에게 '네' 라고 하는 표현입니다. Dạ, vâng 둘 다 단독으로 쓰는 것도 가능합니다.

4   **Sinh năm** (싱남) : 태어난 년 / 날 生, 년 년 年

A: Ừ. Em ơi, em cho chị số điện thoại được không?

응, 너 나한테 전화번호 줄수있니?

5   **Ừ** (으) : 응

  → Dạ vâng 은 손 윗사람에게, Ừ 는 손 아랫사람에게

6   **Cho** (쪼) : 주다

  → 얼른 쪼요 나한테! (cho 뒤엔 사람이 와야합니다)

7   **Số** (소) : 숫자, 수

8   **Điện thoại** (디엔 타이) : 전화 / 한자 전화 똑같습니다.

  → Điện은 전기의 전, 삼성전자는 Samsung điện tử

B: Được ạ. Số điện thoại em là 0398655555 ạ. Bây giờ chị cần về nhà, đúng không?
제 번호는 ~ 입니다. 지금 언니 집에 가야 하죠?

9   **Cần** (껀) : 필요하다

  → 간절하다의 간 자 입니다.

10   **Về** (베) : 돌아가다

  → 돌아가는 배

11   **Nhà**(냐) : 집 / 집 가 家

12   **Đúng**(둥) : 맞다, 옳다

13   **Đúng không**(둥 콤) : 맞죠?, 맞는거죠?

  → 베트남인들이 상당히 많이 쓰는 습관과도 같은 말입니다.

A: Ừ, chị cần về nhà để mua hoa quả
응, 언니 과일 사야해서 집에 가야 돼.

14   **Để**(데) : ~을 위해서

15   **Mua**(무어) : 사다, 구매하다 / 구매할 매 買

16   **Hoa qua**(화 과) : 과일

  → Quả 는 과일의 '과'자 입니다.

3 Grammar

---

1 Để

~을 위해서

→ để + 동사 ~을 위해서라는 뜻입니다.

Để mua hoa quả 과일을 사기 위해서

Để về nhà 집에 가기 위해서

Để mua sữa 우유를 사기 위해서

1,2,3과 종합 복습

KR	VN
1 한국 사람 입니다.	→ _____.
2 당신의 이름은 무엇입니까?	→ _____?
3 당신의 직업은 무엇입니까?	→ _____?
4 저는 직원입니다.	→ _____.
5 당신은 어디 살고 있나요?	→ _____?
6 저는 미딩에 살아요.	→ _____.
7 올해 언니는 베트남에 살 거예요.	→ _____.
8 하노이엔 서호가 있습니다.	→ _____.
9 저것은 제거예요.	→ _____.
10 여기 망고 있나요?	→ _____?
11 사과는 얼마예요?	→ _____?
12 이건 얼마예요?	→ _____?
13 가격을 깎아 줄 수 있어요?	→ _____?
14 저 집에 가고 싶어요.	→ _____.
15 당신은 올해 몇 살이에요?	→ _____?
16 언니, 몇 년생이에요?	→ _____?
17 생리대를 사야겠어요.	→ _____.
18 언니 과일 사야되서 집에 가야되요.	→ _____.

19 당신 한국 사람이지요? → _____?

20 언니에게 전화번호를 주세요. → _____.

Answer   1 Tôi là người Hàn Quốc 2 Bạn tên là gì? 3 Nghề nghiệp của bạn là gì? 4 Tôi là nhân viên 5 Bạn sống ở đâu? 6 Tôi sống ở Mỹ Đình 7 Năm nay chị sống ở Việt Nam 8 Ở Hà Nội có Tây Hồ 9 Cái kia là của tôi 10 Ở đây có xoài không ạ? 11 Quả táo là bao nhiêu tiền? 12 Cái này là bao nhiêu tiền? 13 Giảm giá được không? 14 Em muốn về nhà 15 Năm nay bạn bao nhiêu tuổi? 16 Chị sinh năm bao nhiêu? 17 Tôi cần mua băng vệ sinh 18 Chị cần về để mua hoa quả 19 Anh là người Hàn Quốc đúng không? 20 Cho chị xin số điện thoại

음성 파일

04

미용실에서
tiệm làm tóc

 Text

A: Chào anh, em muốn làm tóc ạ.

안녕하세요. 저 머리하고 싶어요.

B: Em muốn làm như thế nào?

안녕. 너는 어떤 스타일을 원하는 거니?

A: Em muốn cắt 2 cm và muốn uốn tóc một chút.

저 2cm 정도 자르고, 약간의 펌을 하고싶어요.

B: Ok em, uốn xoăn nhẹ hay xoăn nhiều?

오케이, 약하게 말아줄까, 아니면 많이?

A: Chỉ uốn nhẹ, tự nhiên thôi.

그냥 얇고, 자연스럽게 해주세요.

B: Ok em, style kia đang nổi tiếng ở Hàn Quốc à?

그래, 그 헤어 스타일은 한국에서 유행하는 거니?

A: Đúng rồi, rất nổi tiếng ạ. Style của em luôn là style Hàn Quốc ạ.

맞아요, 매우 유행이에요. 제 스타일은 늘 한국의 스타일이에요.

A: Tôi muốn nhuộm tóc.

안녕하세요. 염색을 하고 싶어요.

B: Vâng. chị muốn nhuộm màu gì?

네. 언니 어떤 색으로 염색을 하고 싶어요?

A: Tôi muốn nhuộm màu này.

저는 이 색으로 염색을 하고 싶어요.

B: OK , bây giờ em gội đầu và rửa mặt nhé.

그래, 먼저 머리감기랑 세수를 해줄게~.

B:Chị soomin ơi, Tóc của chị đẹp!

수민 언니 너무 예뻐요!

② Explanation

A: Chào anh, em muốn làm tóc ạ.
안녕하세요, 저 머리하고싶어요.

1 **Làm** (람) : ~을 하다. / 영어의 do 입니다.

   → 매우 많이 쓰이죠. 일을 하다, 머리를 하다, ~을 하다 모두 목적어 앞에 Làm을 붙여주세요.

   → **Làm tóc** (람 똑) : 머리를 하다

B: Em muốn làm như thế nào?
안녕, 너 어떤 스타일을 원하는거니?

2 **Như thế nào** (느 테나오) : 어떻게?

   → How의 의미로, 문장 끝에 Như thế nào를 붙여주시면 됩니다.

A: Em muốn cắt 2 cm và muốn uốn tóc một chút.
저 2cm 정도 자르고, 약간 펌을 하고싶어요.

3 **Cắt tóc** (깟 똑) : 머리를 자르다. Cắt (깟)은 영어 발음그대로 컷

   → Cut을 '카또'라고 발음을 한 것이 cut은 영어 그대로 자르다, To는 발음이 변형되어 Tóc으로 남았습니다.

   → Cắt (깟) 자르다. 영어 Cut과 동일한 의미와 동일한 상황에서 쓰입니다. EX) Cắt thịt, Cắt rau 고기를 자르다, 야채를 자르다.

4 **Uốn tóc** (우언 똑) : 파마를 하다 / uốn : 굽을 완 宛 (완곡하게 표현하다의 완 자입니다)

   → 머리를 구부리다, 파마를 하다.

5 **Một chút** (못 쭛) : 약간

   → 많이 사용 되며, 약간 이라는 의미에 모두 사용됩니다.

B: Ok em, uốn nhẹ hay mạnh?

오케이, 약하게 말아줄까 아니면 많이 말아줄까?

6   **Mạnh** (마잉) : 강하게 / 사나울 맹 猛

   → 사납고 맹렬하다, 즉 강하므로 맹

7   **Nhẹ** (녜) : 약하다, 부드럽다

   → 녜녜치킨은 부드럽다.

8   **Hay** (하이) : 아니면, 혹은 / 영어 Or 의 느낌.

A: Chỉ uốn nhẹ, tự nhiên.

그냥 얇고, 자연스럽게 해주세요.

9   **Chỉ** (찌) : 그냥, 단지, 겨우 / 단지 지(只)

   → 딱~맞는게 영어의 Just 입니다. Just 찌!

   Tự nhiên (뜨 니엔) : 자연, 자연스러운

   → 한자로 자연에서 유래된 말로 발음만 베트남스럽게 변형된 단어입니다.

   → 뭔가 자연스러움을 표현하고 싶을 땐 Tự nhiên 써 주세요.

B: Ok em, style kia la nổi tiếng ở Hàn Quốc à?

그래, 그 헤어 스타일은 한국에서 유행하는거니?

10   **Nổi tiếng** (노이 띠엥) : 유명하다

   → Nổi의 뜻은 둥둥 뜨다, 표류하다 라는 뜻입니다. Tiếng은 소리, 사운드
      를 뜻하는데 어떠한 소리(이름)이 사람들 속에서 표류하며 다닌다.
      즉 '유명하다'라는 뜻입니다.

A: Đúng rồi, nổi tiếng ạ. Style của em luôn là style Hàn Quốc ạ.

맞아요, 매우 유행이예요. 제 스타일은 늘 한국의 스타일이예요.

11   **Của** (꾸어) : ~의

   → 영어의 of 로 우리나라와 달리 영어처럼 목적어 of 주어의 형태입니다.

12 **Luôn** (루온) : 늘, 항상

A: Xin chào, tôi muốn nhuộm tóc.
안녕하세요, 염색을 하고싶어요.

13 **Nhuộm tóc** (뉴엄 똑) : 염색을 하다. / 물들 염 染. 한국어로 직역시 염만 쓸니다.

B: Vâng. Anh (chị) muốn nhuộm màu gì?
네, 언니 어떤 색으로 염색을 하고 싶어요?

14 **Màu**(머우) : ~색

15 **Màu gì** (머우 지) : 무슨 색

> → Gì 는 영어 What과 똑같이 쓰이는 용법으로, 'What color',
> '무슨 색?'으로 해석 됩니다.
> 똑같이 '명사 + Gì'는 '무슨 ~명사?'로 해석 됩니다.

B: OK , bây giờ em gội đầu và rửa mặt nhé.
그래, 머리감기랑 세수를 해줄게~

16 **Gội** (고이) : 돌돌 감다

17 **Rửa** (즈아) : 닦다, 씻다

> → 닦즈아

18 **Rửa mặt**(즈아 맛) : 세수하다 / mặt은 낯 면 面

> → mặt은 면상의 '면'자 입니다.

③ Grammar

1 Của

~의

→ 영어의 of와 똑같은 기능과 용법 '목적어 of 명사'를 쓰기도 하고
'cua + 명사'만 쓰기도 합니다.

Cua + 명사 단독

Anh là của em. 나는 니 꺼야

Cái này là của chị. 이건 언니 꺼야.

Quả táo này là của em. 이 사과는 니 꺼야.

목적어 của 명사 형태

Văn hóa của Việt Nam. 베트남의 문화

Cái balo này là của chị 이 가방은 언니 꺼야.

2 Như thế nào

어떻게?

→ How의 의미로, 문장끝에 Như thế nào를 붙여주면 됩니다.

Em muốn làm tóc như thế nào?

너 어떤 헤어 스타일을 원하는 거니?

Chị muốn làm nail như thế nào?

언니, 네일 아트를 어떻게 하고 싶어요?

Chị làm bánh chuối như thế nào?

언니, 바나나빵을 어떻게 만드세요?

4 Tips & expression

VN	KR
Chỉ	Just, 단지
Luôn	늘, 항상
Làm tóc	머리를 하다
Uốn tóc	파마를 하다
Nhuộm tóc	염색을 하다
Rửa mặt	세수를 하다
Nổi tiếng	유명하다
Màu gì?	무슨 색?
Cắt tóc	머리를 자르다
Gội đầu	머리를 감다
Đẹp	예쁘다
Đẹp trai	잘생겼다
Mạnh	세게, 강하게
Nhẹ	약하게
Làm nail	네일 아트를 하다
Mát xa	마사지를 하다
dinh duong	트리트먼트를 하다 → 직역 시 영양

Tip !

베트남에 가신다면, 미용실을 꼭 가보시는 걸 추천합니다.
고급 미용실이라도 한국의 절반가격 정도 수준인데, 베트남인들은 손재주가 좋기로 유명하지요? 펌, 컷트, 트리트먼트, 염색 모두 퀄리티가 좋습니다! 게다가 베트남엔 미용실마다 '세안&머리감기' 옵션이 있는데 한화로 3천원 정도에 세안, 머리감기, 두피 마사지를 약 30분 동안 받을 수 있습니다. 저는 정말 매일 아침 양치질만 하고 세수와 머리감기는 집 옆 미용실에서 했답니다. Tot qua!!

⑤ Question

1 저 머리를 자르고 싶어요.   → _____.

2 저 염색하고 싶어요.   → _____.

3 언니의 머리   → _____

4 오빠는 니 꺼야.   → _____.

5 너 머리를 어떻게 하고 싶어?   → _____?

6 너 머리를 어떻게 자르고 싶어?   → _____?

7 잘생긴 오빠   → _____

8 예쁜 언니   → _____

9 이 스타일은 한국에서 유행이예요.   → _____.

10 저 그냥 2cm만 자를래요.   → _____.

11 저 머리 감고 싶어요.   → _____.

12 언니꺼는 한국 거야.   → _____.

Answer   1 Em muốn cắt tóc 2 Em muốn nhuộm tóc 3 Tóc của chị 4 Anh là của em 5 Em muốn làm tóc như thế nào? 6 Em muốn cắt tóc như thế nào? 7 Anh đẹp trai 8 Chị đẹp 9 Style này là nổi tiếng ở Hàn Quốc 10 Em chỉ cắt 2cm 11 Em muốn gội đầu 12 Của chị là của Hàn Quốc

05

레스토랑
nhà hàng

 Text

A: Chị Soomin ơi, chị có đói không?

수민언니, 언니 배고파요?

B: Có, chị đói lắm

언니 몹시 배고파.

A: Chị muốn ăn gì? Hôm nay em mời !

언니 뭐 먹고 싶어요? 오늘 제가 쏠게요!

B: Thế à? Chị muốn ăn cay, có món gì ngon không?

오 그래? 언니 매운게 먹고 싶다. 무슨 맛있는 음식이 있니?

A: Em biết một nhà hàng. Lẩu rất ngon, chị có muốn đến không?

저 핫팟 레스토랑 맛있는데 한 곳 아는 데 언니 가고 싶어요?

A: Tốt ! Chúng ta di ~

그래, 우리 가자!

(Ở nhà hàng 식당에서)

A: Anh ơi, ở đây có món gì ngon và cay ?

사장님, 여기 무슨 음식이 맛있고 매워요?

C: Ở nhà hàng anh, có lẩu thái ngon lắm, cũng cay

우리 가게는, 태국 핫팟이 맛있어요, 맵기도 하구요.

A: Vâng, cho em 1 lẩu thái. Chị uống bia không?

네 그럼 태국 핫팟 하나 주시고.. 언니 맥주 마실래요?

B: Ừ, cho 2 bia Sài Gòn, cốc và đá .

응, 사이공 비어 2개, 얼음이랑 컵 주세요.

C: Vâng ạ.

네.

B: Nhà vệ sinh ở đâu? Chị muốn đến nhà vệ sinh.

화장실 어딨니? 언니 화장실 가고 싶어.

② Explanation

A: Chị Soomin ơi, chị có đói không?

수민언니, 언니 배고파요?

1   **Đói** (도이) : 배고프다

A: Chị muốn ăn gì? Hôm nay em mời !

언니 뭐 먹고싶어요? 오늘 제가 쏠게요!

2   **Ăn** (안) : 먹다

→ 입을 벌리고 음식을 씹을 때 '으암'하는 소리

3   **Mời** (머이) : 초대하다, 쏘다

→ 베트남 음식점에 가면 Xin mời 란 말을 들어보셨나요? '초대합니다'란
  말입니다. 당신을 초대하니, 당연히 제가 삽니다!

B: Thế à? Chị muốn ăn cay, có món gì ngon không?

오 그래? 언니 매운 게 먹고싶다. 무슨 맛있는 음식이 있니?

4   **Thế à?** (테아) : 그래??

→ 그래? 정말? 이라는 표현입니다. 정말 많이 씁니다!

5   **Cay** (까이) : 매운, 맵다

6   **Món** (몬) : 음식

7   **Ngon** (응온) : 맛있다.

A: Em biết một nhà hàng. Lẩu rất ngon, chị có muốn đến không?

저 핫팟 레스토랑 맛있는데 한 곳 아는데 언니 가고 싶어요?

8   **Biết** (비엣) : 알다 / 다를 별 別

→ 구별하다, 판별하다의 의미입니다

9 **Đến** (덴) : 가다

→ 목적지가 있을때

A: Tốt ! Chúng ta đi ~
그래 , 우리 가자!

10 **Đi** (디) : 가다

→ 목적지가 없이 단순히 가자! 를 표현할 때

EX) 가즈아!!! = Đi!!! (O) Đến!!!! (X)

A: Vâng, cho em 1 lẩu thái. Chị uống bia không?
네 그럼 태국 핫팟 하나 주시고.. 언니 맥주 마실래요?

11 **Uống** (우엉) : 마시다

→ 우엉을 마시다

B: Ừ, cho 2 bia Sài Gòn, cốc và đá
응, 2 사이공 비어, 얼음이랑 컵 주세요.

12 **Cốc và đá** : 컵과 얼음

B: Nhà vệ sinh ở đâu? Chị muốn đến nhà vệ sinh
화장실 어딨니? 언니 화장실 가고 싶어.

13 * **Nhà** 는 장소를 뜻하고 **Vệ sinh** 베씬 은 위생이란 뜻입니다.

발음은 좀 틀리지만, 한자로 위생이란 단어와 똑같이 쓰입니다.

③ Grammar

1 Gì

~의

→ '명사 + gì'가 되어, '무슨 (명사)'가 됩니다.

→ '뭐 지?'로 외워봅시다.

Món gì 무슨 음식?

Cái gì 어떤 거?

Nhà hàng gì 무슨 식당?

2 Và

그리고, ~와

→ How의 의미로, 문장 끝에 Như thế nào를 붙여주시면 됩니다.

Ở đây có món gì ngon và cay? 여기 맛있고 매운 음식 있어요?

Chị và em 너와 나

Táo và chuối 사과와 바나나

4 Tips & expression

VN	KR
Cay	맵다
Nhạt	싱겁다
Mặn	짜다 → (애미야 국이)짜다만..
Ngọt	달다
Mời	초청하다 → 신머이
Cốc	컵
Đá	Ice
Lẩu	핫팟
Xiên	꼬치
Nướng	구이
Café	커피
Bia	맥주 → Beer
Sa lát	샐러드 → 발음 시 쌸랏
Nhà hàng	식당
Ăn	먹다
Uống	마시다
Không cho rau thơm	향채(고수) 주지 마세요
Chúng ta đi	가즈아, Let's go
Có món gì ngon không?	맛있는 음식 있어요? (메뉴 추천해달라)
Đói	배고프다
No	배부르다 → NO, 배부르니 음식주지 마요!

Biết	알다
Không biết	모르다
Ăn cơm	밥을 먹다
Nhà vệ sinh	화장실
Giấy vệ sinh	휴지 → 직역 시 위생지

Tip !

베트남은 여러분도 알다시피 음식이 매우 맛있는 나라입니다.
쌀국수는 모두가 아는 유명한 음식이고, 찹쌀밥, 우렁이찜에 맥주한잔, 핫
팟, 바잉꾸언...
아직 유명하진 않지만 매력적인 먹거리가 가득합니다.
또, 베트남 내에 정착하고 살고 계시는 Western 분들이 운영하는 식당과
펍을 꼭 가보세요. 한국에서 느낄수 없는, 베트남 현지의 멋과 웨스턴의 느
낌이 잘 어우러진 이국적인 분위기의 장소를 발견하실 수 있답니다.

⑤ Question

언니 뭐 마시고 싶어요? → _____?

언니 배고프다. → _____.

오늘 제가 쏠게요! → _____!

저 알아요. → _____.

몰라요. → _____.

이 핫팟 엄청 매워. → _____.

이 쌀국수 너무 맛있어. → _____.

여기 어떤 맛있는 음식이 있어요? → _____?

언니 베트남 음식을 먹고 싶어요. → _____.

태국 핫팟 매워요? → _____?

이 수박은 달아요. → _____.

Answer   1 Chị muốn uống cái gì?   2 Chị đói lắm   3 Hôm nay em mời   4 Em biết
5 Em không biết   6 Lẩu này rất cay   7 Phở này ngon lắm   8 Ở đây
có món gì ngon không?   9 Chị muốn ăn món Việt   10 Lẩu thái có cay
không?   11 Quả dưa hấu này ngọt

1,2,3,4,5과 복습

KR	VN
1 당신의 직업은 무엇입니까?	→ _____?
2 이 사과는 제거예요.	→ _____.
3 베트남에 사는 게 좋으신가요?	→ _____?
4 언니 매운거 먹을 수 있어요?	→ _____?
5 저는 호치민에 살고 싶어요.	→ _____.
6 저는 머리를 자르고 싶어요.	→ _____.
7 언니 할인 얼마를 원해요?	→ _____?
8 언니 무슨 음식을 먹고 싶어요?	→ _____?
9 너 어떻게 머리를 하고 싶니?	→ _____?
10 분짜는 어떻게 먹나요?	→ _____?
11 언니 퍼머를 어떻게 하고 싶어요?	→ _____?
12 이건 얼마예요?	→ _____?
13 당신은 몇살입니까?	→ _____?
14 언니 사과 몇개를 사고 싶어요?	→ _____?
15 당신은 몇 년생입니까?	→ _____?
16 태국 핫팟은 정말 매워요.	→ _____.
17 여기 사과있어요?	→ _____?

18 언니는 서호에서 Nem nuong을
   먹어요.   → _____.

19 핫팟을 먹기 위해, 언니는 식당에
   가요.   → _____.

20 언니 옷이 너무 예뻐요.   → _____.

Answer 1 Nghề nghiệp của bạn là gì? 2 Táo này là của em 3 Sống ở Việt
Nam có tốt không? 4 Chị ăn cay được không? 5 Tôi muốn sống ở
Hồ Chí Minh 6 Em muốn cắt tóc 7 Chị muốn giảm giá bao nhiêu?
8 Chị muốn ăn món gì? 9 Em muốn làm tóc như thế nào? 10 Ăn
bún chả như thế nào? 11 Chị muốn uốn tóc như thế nào? 12 Cái
này là bao nhiêu tiền? 13 Bạn bao nhiêu tuổi? 14 Chị muốn mua
bao nhiêu táo? 15 Bạn sinh năm bao nhiêu? 16 Lẩu thái rất cay
17 Ở đây có táo không? 18 Chị ăn nem nướng ở Tây Hồ 19 Chị
đến nhà hàng để ăn lẩu thái 20 Áo của chị rất đẹp

택시에서
Taxi

 Text

A: Hương ơi, em đã đặt taxi chưa?

흐엉아, 너 택시 아직 안 잡았니?

B: Em đặt rồi. Chị chờ một chút

저 잡았어요, 언니 조금만 기다려 주세요.

C: Chào chị, chị muốn đi đâu ạ ?

안녕하세요 손님, 어디로 가고 싶으세요?

B: Tôi muốn đến Hồ Hoàn kiếm

저는 호안끼엠으로 가고 싶습니다.

C: Vâng ạ.

네.

B: Từ đây đến Hồ Hoàn kiếm có xa không ạ?

여기서 호안끼엠까지 먼가요?

C: Không xa, gần lắm, 15 phút thôi ạ

별로 안 멀어요, 약 15분 정도예요.

B: Cho tôi xuống ở cửa Tràng Tiền Plaza nhé

저 Trang tien plaza 정문에 내려 주세요.

C: Vâng

네.

C: Đến rồi ạ . Của chi là 50.000 ạ

왔습니다. 50,000동입니다.

B: Vâng, tôi cảm ơn . Chào anh

네, 감사합니다. 안녕히 가세요.

② Explanation

A:Chào chị, chị muốn đi đâu ạ ?
안녕하세요 손님, 어디로 가고싶으세요?

1 베트남어로 가다는 Đi 는 목적지가 없이, Đến은 목적지가 있을 때 쓰며,
   đến은 ~까지 라는 의미도 있습니다.

   EX) Chúng ta đi đi. 우리 가자 (어디로 갈 지 안 정해짐)

   EX) Đến 11 giờ, anh đến ở đây. 11시 까지, 오빠 여기로 오세요.

B: Dạ vâng chị, chị sinh năm 1996 ạ?

네 맞아요 언니, 언니 1996년생이죠?

2 **Từ ~ đến** : Từ 는 '부터' Đến은 '~까지'

   → 뜨 부터 덴 까지!

    EX) Từ 10 giờ đến 11 giờ 10시 부터 11시 까지

3 **Xa** : 멀다 / 수레 '차 車'자로, 자동차로 갈 만큼 거리가 멀다로 외우세요!

A:Không xa, gần lắm, khoảng 15 phút thôi ạ

별로 안멀어요, 약 15분 정도예요

4 **Gần**(껀) : 가깝다 / 가까울 근 近 입니다.

5 **Thôi**(토이) : 문장 끝에 써서 단지, 겨우, 오직이라는 뜻입니다.

   / 영어 Just 와 뜻이 같아요!

   → Toy(토이, 장난감) 처럼 작고 사사로운 일이다.

> **B: Em đặt rồi. Chị chờ một chút**
> 저 잡았어요, 언니 조금만 기다려주세요

6   **Đặt**(닷) : 주문하다, 예약하다

  → 현장이 아닌 전화나 온라인으로 이루어지는 주문에 Dat을 씁니다.

3 Grammar

1 Từ - đến

-부터~-까지

→ 뜨 부터 덴 까지!

Từ Hoàn Kiếm đến Khách sạn Lotte 호안끼엠부터 롯데호텔까지
Từ 10 giờ đến 11 giờ 10시부터 11시까지
Từ đây đến kia 여기서 저기까지

Tips & expression

VN	KR
Xa	멀다
Gần	가깝다
Đặt taxi	택시를 예약하다
Đến rồi	이미 도착했다.
Rẽ trái	좌회전
Rẽ phải	우회전
Đi thẳng	직진 → Đi는 가다, Thẳng은 쭉, 앞으로
Trước	뒤 → 뒷 전 前
Sau	앞

⑤ Question

1 언니 어디 가고 싶어요? → _____?

2 언니 호안끼엠에 가고 싶어. → _____.

3 여기에서 저기까지 멀어요? → _____?

4 매우 가깝다. → _____.

5 도착했습니다. → _____.

6 미딩에서 호안끼엠까지 가까워요? → _____?

7 미딩에서 호안끼엠까지 얼마예요? → _____?

8 호안끼엠까지 택시를 잡았어요? → _____?

9 좌회전하면 호안끼엠에 도착해요. → _____.

10 저 비행기표를 예약했어요. → _____.

Answer 1 Chị muốn đi đâu? 2 Chị muốn đến Hồ Hoàn Kiếm 3 Từ đây đến kia có xa không? 4 Gần lắm 5 Đến rồi 6 Từ Mỹ Đình đến Hồ Hoàn Kiếm có gần không? 7 Từ Mỹ Đình đến Hòa Hoàn Kiếm bao nhiêu tiền? 8 Em đã đặt taxi đến Hồ Hoàn Kiếm chưa? 9 Rẽ trái là đến Hồ Hoàn Kiếm 10 Em đã đặt vé máy bay rồi

4, 5, 6과 종합 복습

VN	KR
1 저 머리 자르고 약하게 파마를 하고 싶어요.	→ _____.
2 언니, 어떤 색으로 염색을 하고 싶어요?	→ _____?
3 갈색으로 염색하고 싶어요.	→ _____.
4 저 머리를 감고 싶어요.	→ _____.
5 앞머리를 자르고 싶어요.	→ _____.
6 언니, 배고파요?	→ _____?
7 언니 배 불러요 .	→ _____.
8 여기 어떤 맛있는 음식이 있어요?	→ _____?
9 화장실 어딨어요?	→ _____?
10 퍼 하나, 분짜 하나 주세요.	→ _____.
11 저 식당에 퍼 맛있어요	→ _____.
12 이 음식 너무 싱거워요.	→ _____.
13 여기에 맥주 있어요?	→ _____?
14 언니 어디 가고 싶어요?	→ _____?
15 언니 미딩에 가고 싶어요.	→ _____.
16 미딩에서 호안끼엠까지 가까워요?	→ _____?
17 저 택시를 잡았어요.	→ _____.

18 너 머리를 어떻게 자르고 싶어? → _____?

19 너 머리를 어떻게 하고 싶어? → _____?

20 언니, 빵을 어떻게 만들어요? → _____?

Answer 1 Em muốn cắt tóc và uốn nhẹ một chút. 2 Chị muốn nhuộm màu gì? 3 Chị muốn nhuộm màu nâu 4 Em muốn gội đầu 5 Em muốn cắt tóc mái 6 Chị có đói không? 7 Chị no rồi. 8 Ở đây có món gì ngon không? 9 Nhà vệ sinh ở đâu? 10 Cho em 1 phở và 1 bún chả. 11 Nhà hàng đó có món phở ngon 12 Món này nhạt quá 13 Ở đây có bia không? 14 Chị muốn đi đâu? 15 Chị muốn đến Mỹ Đình 16 Từ Mỹ Đình đến Hồ Hoàn Kiếm có gần không? 17 Em đặt taxi rồi. 18 Em muốn cắt tóc như thế nào? 19 Em muốn làm tóc như thế nào? 20 Chị làm bánh như thế nào?

chapter

07

베트남 여행을 가요!
đi du lịch Việt Nam

 Text

A: Chị có kế hoạch đi du lịch Việt Nam không?

언니 베트남 여행 계획 있어요?

B: Kế hoạch của chị là tháng sau chị muốn đi Sài Gòn

언니 계획은 다음 달에 사이공에 가고 싶어.

A: Chị đã đến Đà Nẵng chưa?

언니, 다낭 아직 안 가봤죠?

B: Chị chưa, em đã đến Đà Nẵng rồi à?

언니 아직 안 가봤는데, 너 다낭 가봤어?

A: Em đã đến Đà Nẵng rồi, Đà Nẵng đẹp lắm!

저 다낭 이미 가봤죠! 다낭 너무 예뻐요!

B: Ở Đà Nẵng có gì nổi tiếng?

다낭에 뭐 유명한 거 있어?

A: Ở đà nẵng có nhiều món ăn ngon, biển cũng đẹp lắm

다낭에 맛있는 음식이 많고, 바다도 예뻐요!

B: Em đến với bạn trai đúng không? Món ăn nổi tiếng của Đà Nẵng là gì?

너 남자친구랑 갔었지? 다낭의 유명한 음식이 뭐니?

A: Hihi, đúng ạ. Nem nướng la ngon nhất ở Đa Nẵng.

맞아요, 넴느엉이 다낭에서 제일 맛있어요.

B: À, em đặt máy bay cho chị được không?

너 비행기 좀 예약해 줄 수 있어?

A: Được ạ.

할 수 있어요!

B: Từ Hà Nội đến Đà Nẵng thì mất bao lâu?

하노이에서 다낭까지 가려면 얼마나 걸려?

A: 1 tiếng thôi~

한시간 밖에 안걸려요~

② Explanation

A: Chị có kế hoạch đi du lịch Việt Nam không?
언니 베트남 여행 계획 있어요?

1 **Kế hoạch** (께 화익) : 계획

   → 발음 상당히 비슷하쥬?

2 **Du lịch** (유릭) : 여행 / 놀 유 遊 지날 歷

   → 유흥의 '유', 역사의 '역'(지나갈)자 입니다. 놀면서 지나가다. 여행가다.
   직역 시 유역

B: Kế hoạch của chị là tháng sau chị muốn đi Sài Gòn
언니 계획은 다음달에 사이공에 가고싶어.

3 **háng sau** (탕 싸우) : 다음 달

   → 반대는 Tháng trước (탕 척) : 지난 달

A: Ở đà nẵng có nhiều món ăn ngon, biển cũng đẹp lắm
다낭에 맛있는 음식이 많고, 바다도 예뻐요!

4 **Biển** (비엔) : 바닷가

   → 해변의 '변'자입니다.

**B: Em đến với bạn trai đúng không? Món ăn nổi tiếng của
Đà Nẵng là gì ?**
너 남자친구랑 갔었지? 다낭의 유명한 음식이 뭐니?

5 **Bạn trai** (반 짜이) : 남자 친구

   → Bạn은 친구, Trai 는 남자 아이를 가리키는 Con trai

6 **Với** (버이) : ~ 와 함께

A: Chị đã đến Đà Nẵng chưa?

언니, 다낭 아직 안가봤죠?

7 **Đã** (다) : 과거형을 만드는 동사

→ 동사 앞에 붙여 과거형으로 만듭니다.

8 **Chưa** (츠아) : 아직 ~하지 않았죠?

→ 문장 맨 끝에 붙여 '아직 ~하지 않았지?'

B: Chị chưa, em đã đến Đà Nẵng rồi à?

언니 아직 안가봤는데, 너 다낭 가봤어?

9 **Chưa** : 아직 ~하지 않았습니다.

→ Chưa로 물어보면 Chưa 혹은 Rồi로 대답해줍니다.

   Rồi (조이) : ~이미 했어요?

→ Chưa랑 똑같이 문장 끝에 붙여 '~이미 했어요?'라는 문장이 됩니다.

   다만 Chưa는 '~해 보지 않았지?'로 부정의 느낌, Rồi는 '~해 봤어?'로

   긍정의 느낌

A: Em đã đến Đà Nẵng rồi, Đà Nẵng đẹp lắm!

저 다낭 이미 가봤죠! 다낭 너무 예뻐요!

10 **Rồi** (조이): ~이미 했습니다.

③ Grammar

1 Với

~와 함께

→ '~와 함께' 라는 전치사로 명사 앞에 씁니다.

Em đi với bạn trai. 남자친구와 가다.

Chị ăn cơm với em. 언니 저와 밥을 먹어요.

Chị muốn đến với em. 언니 너랑 가고 싶어.

2 Chưa

아직 ~ 하지 않았지? (부정적)

Chị đến Đà Nẵng chưa? 언니 아직 다낭에 안 가봤죠?

Em chưa đặt xe à? 너 아직 택시 안 잡았어?

Em đã về nhà chưa? 집에 돌아갔어요?

3 Rồi

이미 ~ 했지? (긍정적)

Em đến Đà Nẵng rồi. 저는 이미 다낭에 다녀왔습니다.

Chị ăn nem nướng rồi. 언니 이미 넴느엉 먹어 봤어요.

Em đặt vé máy bay rồi. 저 이미 비행기표를 예약 했어요.

④ Tips & expression

VN	KR
Kế hoạch	계획
Đà Nẵng có gì nổi tiếng?	다낭에 뭐 유명한 거 있어?
Du lịch Việt Nam	베트남 여행
Đặt máy bay	비행기를 예약하다
Đặt taxi	택시를 예약하다
Đặt hàng	상품을 주문하다(온라인으로)
Chưa	아직 ~ 하지 않았지? / 아직 ~ 하지 않았습니다.
Rồi	이미 ~ 했습니다
Bạn trai	남자 친구
Bạn gái	여자 친구

Tip !

어휘 관련 Chưa 와 Rồi 는 베트남에서 상당히 많이 쓰입니다. Rồi 와 Chưa 는 비슷하면서도 다른데, Chưa 는 이미 ~ 해보지 않았지? 라는 의미로 ~ 하지 않았다 라는 부정적 느낌을 기반으로 하고, Rồi 는 이미~해봤지? 라는 의미로, ~ 이미 해봤다 라는 긍정적 느낌을 가지고 있습니다.
'조이(joy)'는 긍정적, 쭈아는 부정적인 경험자들' 의 느낌! 한국에서는 익숙하지 않은 어법이니, 천천히 이런 게 있다 정도만 알아두시면 됩니다.

문화 관련 베트남엔 정말 많은 해변도시들이 많습니다. Đà Nẵng, Nha Trang을 비롯해, 최근들어 유명해진 Phú Quốc, 그리고 현지 베트남 연인들에게 성지 수준인 Quy Nhơn 까지.. 저렴한 해산물과 아름다운 해변, 베트남의 해변도시도 꼭 한 번 둘러보시는 걸 추천합니다!

⑤ Question

1 전 베트남 여행 계획 있어요.   → _____.

2 언니 계획은 다음 달에 한국에 → _____.
   돌아가고 싶어요.

3 언니, 푸꾸옥에 가봤어요?   → _____?

4 푸꾸옥에 뭐 유명한 거 있어요? → _____?

5 푸꾸옥에 맛있는 해산물이 많고, → _____.
   바다도 예뻐요.

6 유명한 한국 음식이 뭐야?   → _____?

7 저 남친과 함께 여행을 해요. → _____.

8 여친이 있어요?   → _____?

9 너 언니 도와서 과일 좀 사줄 수 → _____?
   있어?

10 할 수 있어요.   → _____.

Answer 1 Tôi có kế hoạch đi du lịch Việt Nam   2 Kế hoạch của chị là tháng sau
chị muốn về Hàn Quốc 3 Chị đã đến Phú Quốc chưa? 4 Ở Phú Quốc
có gì nổi tiếng?   5 Ở Phú Quốc có nhiều hải sản ngon, biển cũng đẹp
6 Món ăn nổi tiếng của Hàn Quốc là gì? 7 Em đi du lịch với bạn trai
8 Anh có bạn gái chưa? 9 Em giúp chị mua hoa quả được không?
10 Được ạ

MEMO

08

옷가게
cửa hàng quần áo

 Text

A: Em muốn mua gì?

무엇을 사고 싶니?

B: Em muốn mua áo phông (T- shirt)

저 티셔츠를 사고 싶어요.

A: Đây, áo phông ở đây nhé.

여기, 티셔츠 여기에 있어.

B: Dạ vâng, em cảm ơn chị

네 고마워요, 언니.

Chị ơi, chị cho em xem mẫu này , size M được không ạ?

언니, 저에게 이 모델 size m 으로 보여주실 수 있어요?

A: Đây em.

여기 있어.

B: Em mặc thử được không ạ?

저 한 번 입어봐도 되요?

A: Được. Phòng thử đồ ở kia

그럼, 테스팅 룸은 저기 있어.

B: Chị có size L không? Áo này chật một chút

언니, 사이즈 L 있어요? 이 옷은 저에게 좀 작아요.

B: Cái áo này bao nhiêu tiền ạ ?

이 옷 얼마예요?

A: 290,000 em

290,000동이란다.

B. Vâng em lấy cái này ạ.

네, 그럼 저 이거 가져갈게요.

② Explanation

Chị ơi, chị cho em xem mẫu này, size M được không ạ?

언니, 저에게 이 모델 size m 으로 보여주실 수 있어요?

1 **Mẫu** (머우) : 모델 / 어미 모 母

   → 모델 '모'! Ex) 모델 : người mẫu

2 **Thử** (트) : ~을 해 보다, 트라이 해 보다.

   → 트라이의 '트'

B: Em mặc thử được không ạ?

저 한번 입어봐도 되요?

3 **Mặc** (막) : 입다.

   → 옷을 막 입다

A: Được. Phòng thử đồ ở kia

그럼, 테스팅 룸은 저기 있어

4   **Phòng** (퐁) : 방 / 방 방 房

5   **Phòng thử đồ** : đồ 는 물건이란 뜻이며, 물건을 테스팅해 보는 방,

피팅룸, 테스팅 룸을 말합니다.

B: Chị có size L không? Áo này chật một chút

언니, 사이즈 L 있어요? 이 옷은 저에게 좀 작아요.

6   **Chật** (쩟) : 꽉 끼다, 좁다

B: Vâng em lấy cái này ạ.

네 그럼 저 이거 가져 갈게요.

6   **Lấy** (러이) : 가져가다, 취하다

→ 가져가거러이~

③ Grammar

1 Thử

Tôi muốn mặc thử 입어 보고 싶다.

Tôi muốn ăn thử 먹어 보고 싶다

Anh làm thử 오빠가 해 볼게

④ Tips & expression

VN	KR
Mặc áo	옷을 입다
Thử được không?	~을 트라이 해 봐도 되요?
Chật	꽉 끼다
Rộng	크다
Ngắn	짧다
Dài	길다
Áo phông	T-shirts
Váy	치마
Giày	신발
Dép	슬리퍼
Túi	가방

Tip !

전세계 섬유와 봉제 산업의 강자인 베트남!

베트남은 유명 명품의 카피본부터 가볍고 저렴하지만 디자인이 모던한 현지 브랜드 의류도 굉장히 많아요. 특히 스커트나 원피스류는 베트남에서 구매하셔서 여행 내내 입으실 것을 추천드려요!

게다가, 라탄 소재의 경우 베트남이 전세계 1위입니다. 다양한 라탄 아이템을 저렴한 가격에 구매하실 수 있으니 참고하세요.

5 Question

1 무엇을 사고 싶니? → _____?

2 저 신발 사고 싶어요. → _____.

3 가방 사고 싶어요. → _____.

4 비행기 표를 사고 싶어요. → _____.

5 저 한번 입어 봐도 되요? → _____?

6 저 한번 해 봐도 되요? → _____?

7 테스팅 룸은 저기 있어. → _____.

8 이 바지는 너무 껴요. → _____.

9 사이즈 L 있어요? → _____?

10 이 치마는 좀 길어요. → _____.

11 저 이 옷을 가져 갈게요. → _____.

Answer 1 Em muốn mua gì? 2 Em muốn mua giày 3 Em muốn mua túi 4 Em muốn mua vé máy bay 5 Em mặc thử được không ạ? 6 Tôi làm thử được không? 7 Phòng thử đồ ở kia 8 Quần này chật quá. 9 Có size L không ạ? 10 Váy này hơi dài 11 Em lấy cái áo này

MEMO

chapter

09

마사지숍
Massage shop

 Text

A: Chào chị, chị muốn làm gì ạ?

안녕하세요. 무슨 마사지 하고 싶으세요?

B: Cho chị xem bảng giá

저에게 가격표를 보여주세요.

Chị muốn làm mát xa foot.

저 발마사지를 하고 싶어요.

A: Chị muốn làm bao nhiêu phút? 30 phút 60 phút ạ

몇 분 하고 싶으세요? 30분? 60분?

B: Cho chị làm 60 phút

60분짜리로 해주세요.

A: Vâng, mời chị vào phòng. Xin chị thay áo.

네, 방으로 모시겠습니다.

B: Em ơi, tập trung mát xa vai được không?

저기요, 마사지를 어깨에 집중해주시겠어요?

A: Được ạ, chị dùng dầu không?

네 알겠습니다. 오일 사용하시나요?

B: Không ạ, và...mát xa không mạnh, chị không thích mạnh đâu, đau lắm.

아뇨, 마사지 세지 않게 해주세요. 저 마사지 아픈거 싫어해요. 너무 아파!

A: OK

B: Em ơi, tắt đèn được không? Chị muốn ngủ một chút.

불 좀 꺼주시겠어요? 저 좀 자고 싶어요.

(1 tiếng sau 한시간 후)

B: Em ơi, cho chị thanh toán.

저기요, 계산해주세요.

A: 400,000 và 100,000 tiền típ nhé.

400,000동이고, 100,000동 팁입니다.

Vâng, cảm ơn chị. Lần sau chị lại đến quán ạ

네, 감사합니다. 다음에도 또 와주세요.

② Explanation

B: Cho chị xem bảng giá.
저에게 가격표를 보여주세요.

1   **Bảng giá** (방 자) : bảng 은 나무판 판 板 자 입니다. 직역 시 가격판입니다.

Vâng, mời chị vào phòng. Xin chị thay áo.
네, 방으로 모시겠습니다.

2   **Vào** (바오) : 들어가다
3   **Phòng** (퐁) : 방

B: Em ơi, tập trung mát xa vai được không?
저기요, 마사지를 어깨에 집중해주시겠어요?

4   **Tập trung** (떱중) : 집중하다 / 집중 그 한자입니다.

A: Được ạ, chị dùng dầu không?
네 알겠습니다. 오일 사용하시나요?

5   **Dùng** (융) : 사용하다 / 쓸 용 用
6   **Dầu** (여우) : 기름, 오일 / 기름 유 油

**B: Không ạ, và...mát xa không mạnh,
chị không thích mạnh đâu, đau lắm.**
아뇨, 마사지 쎄지않게 해주세요. 저 마사지 아픈거 싫어해요, 너무 아파!

7   **Đau** (다우) : 아프다

B: Em ơi, tắt đèn được không? Chị muốn ngủ một chút

불 좀 꺼주시겠어요? 저 좀 자고싶어요

8　**Tắt** (땃) : 끄다

　　→ 불을 땃(스위치 끄는 소리) 끄다, 켜다는 Bật(벗)

9　**Đèn** (덴) : 등, 라이트

10　**Ngủ** (응우) : 자다

Em ơi, cho chị thanh toán,

저기요, 계산해주세요,

11　**Thanh toán** (타잉 똰) : 계산하다. / 이룰 성 成, 셈 산 算

　　→ 직역 시 '성산', '계산을 이루다'

Vâng, cảm ơn chị. Lần sau chị lại đến quán ạ

네 감사합니다. 다음에도 또 와주세요

12　**Lần sau** (런 싸우): 다음 번

　　→ Lần은 '번', sau는 '다음', 저번은 Lần trước 입니다

　　　EX) Lần sau : 다음 번, 2 lần : 두 번, 3 lần : 세 번

13　**Lại** : 다시 / 올 '래' 徕 , 영어의 again입니다.

　　→ 다시 오라이

Tips & expression

VN	KR
Quán mát xa	마사지 숍
Tập trung	집중하다
Vai	어깨
Chân	다리
Mạnh	강하게
Nhẹ	약하게
Dầu	오일
Tắt đèn	불을 끄다
Bật đèn	불을 켜다
Đèn	라이트, 불빛

Tip!

마사지를 받기 위해서 베트남을 방문하시는 분들도 많으시죠?
기본적인 마사지숍부터 건강검진, 한방목욕, 때밀이, 마사지, 식사 코스가
갖춰진 복합형 마사지숍 'Huong sen massage'까지 베트남은 마사지의 천
국이랍니다.
대부분 마사지는 오일 마사지로 진행이 되는데, 습한 날씨와 끈적거림이
싫고, 강한 압을 좋아하시는 분들은 마사지 시작 전에 'không dầu (콤 여우)'
를 말씀하시면 오일 없는 마사지를 해주십니다.

⑤ Question

1 마사지를 강하게 해 주세요. → _____.

2 너무 아파요. → _____.

3 마사지를 약하게 해 주세요. → _____.

4 다리에 집중해서 마사지 해 주세요. → _____.

5 저에게 가격표를 보여 주세요. → _____.

6 저에게 이 가방을 보여 주세요. → _____.

7 얼굴 마사지 하고 싶어요. → _____.

8 마사지를 어깨에 집중해 주시겠어요? → _____?

9 저 약하게 마사지를 하고 싶어요. → _____.

10 불 좀 켜 주시겠어요. → _____.

11 불 좀 꺼 주시겠어요. → _____.

Answer 1 Mát xa mạnh 2 Đau lắm 3 Mát xa nhẹ 4 Tập trung mát xa chân 5 Cho chị xem bảng giá 6 Cho chị xem cái túi này 7 Chị muốn mát xa mặt 8 Tập trung mát xa vai được không? 9 Chị muốn mát xe nhẹ 10 Tắt đèn được không? 11 Mở đèn được không?

음성 파일

chapter

10

은행
ngân hàng

 Text

A: Chào anh, anh muốn đổi tiền gì?

안녕하세요, 어떤 돈으로 환전하고 싶으세요?

B: Tôi muốn đổi tiền dollor.

저 달러를 환전하고 싶어요.

A: Anh muốn đổi bao nhiêu.

손님 환전을 얼마나 하고 싶으세요?

B: Tôi muốn đổi 20 dollor.

저 20달러를 환전하고 싶어요.

Hôm nay tỉ giá bao nhiêu ạ?

오늘 환전 환율이 얼마예요?

A: Hôm nay tỷ giá là 23,000.

오늘 환율은 23,000 입니다.

B: Anh đổi cho tôi.

네, 바꿔주세요.

A: Vâng, tiền của anh đây, tiền việt là 5,600,000.

네, 손님 돈은 여기 있구요, 베트남 돈으로 5.6백만 동입니다.

(Ở ngân hàng 은행에서)

A: Chào anh, anh muốn làm gì ạ?

안녕하세요, 무엇을 하고 싶으세요?

B: Tôi muốn rút tiền.

저 출금을 하고 싶어요.

A: Anh muốn rút bao nhiêu tiền ạ?

얼마나 출금을 하고 싶나요?

B: Tôi muốn rút 6,000,000.

저 60백만 동을 출금하고 싶어요.

A: Vâng, anh chờ một chút ạ. Tiền của anh ạ.

네, 잠시만요.. 여기 손님 돈입니다.

B: Cảm ơn em.

고맙습니다.

② Explanation

> **A: Chào anh, anh muốn đổi tiền gì?**
> 안녕하세요, 어떤걸로 환전하고싶으세요?

1   **Đổi** (도이) : 바꾸다.

→ 베트남의 유명한 개혁 정책 중 đổi mới(도이머이)라는 말이 있죠?
Mới는 '새로운'으로 Đổi mới 즉 '새롭게 바꾸다'란 말입니다.

2 **Đổi tiền** (도이 띠엔) : 환전하다

→ '돈을 바꾸다', 환전입니다.

Hôm nay tỉ giá bao nhiêu ạ?
오늘 환전 환율이 얼마예요?

3 **Tỷ giá** (띠쟈) : 환율

→ 환율 : Tỷ 띠 는 비율이란 뜻입니다. 베트남어로 비율은 Tỷ lệ (띠 레)라
고 하는데요, Tỷ 는 비교할 '비 比' 입니다. 환율 좀 띠자!
돈을 바꾸다, 환전 입니다.

B: Tôi muốn rút tiền
저 출금을 하고싶어요.

4 **Rút** (줏): 뽑다

→ Rút은 영어 뿌리 Root와 비슷하죠? 뿌리를 뽑자!

5 **Rút tiền** (줏 띠엔) : 돈을 뽑다. 출금하다

A: Vâng, anh chờ một chút ạ. Tiền của anh ạ.
네, 잠시만요.. 여기 손님 돈입니다.

6 **Chờ** (쩌) : 기다리다 / 천천히 徐

→ '서행하다'의 '서'자 입니다. 천천히, 기다려 주세요!

④ Tips & expression

VN	KR
Đổi tiền	환전하다
Rút tiền	출금하다
Lãi	이자율
Tỷ giá	환율
tài khoản	계좌
Chờ	기다려요

Tip !

베트남은 이자의 천국입니다. 외국인은 여행비자로는 계좌 개설이 불가능
하니 참고해 주세요. 이자는 기본 5%부터 시작하니, 교민분들 중 베트남
예금을 적극적으로 활용하셔서 돈을 불리는 분들도 많습니다.
2금융권으로 가면 11%부터 시작해서, 고리대금업으로 생계를 꾸려나가는
현지인분들도 있구요!

환전은 한국에서 미리 달러로 환전하시고, 베트남에서 활용을 하는데요.
베트남 돈은 한국에서 환전하는곳이 제한적이니 가급적이면 필요한 만큼
만 조금씩, 출국일에 맞춰 모두 소진하시길 권장드립니다.
각 공항, 호텔, 금은방에서 할 수 있고, 각 도시마다 환전으로 유명한 지역
이 있습니다.
대표적으로 하노이는 구 시지가지의 '금은방 거리', 호치민은 1군의 ha tam
금은방이 있지만, 큰 금액이 아닌 이상 가까운 곳에서 환전을 하시는걸 추
천드립니다 ㅎㅎ. (정신적 건강을 위해서)

5 Question

1 어떤 돈으로 환전하고 싶으세요? → _____ ?

2 무엇을 하고 싶으세요? → _____ ?

3 뭘 사고 싶어요? → _____ ?

4 오늘 환전 환율이 얼마예요? → _____ ?

5 저 한국 won을 베트남 동으로
   환전하고 싶어요. → _____ .

6 저 출금을 하고 싶어요. → _____ .

Answer 1 Anh muốn đổi tiền gì?   2 Anh muốn làm gì ạ?   3 Em muốn mua gì?
4 Hôm nay tỉ giá bao nhiêu ạ?   5 Tôi muốn đổi từ tiền won đến tiền việt
6 Tôi muốn rút tiền

7, 8, 9, 10과 복습

VN	KR
1 언니 베트남 여행 계획 있어요?	→ _____?
2 언니 계획은 다음 달에 사이공에 가고 싶어.	→ _____.
3 언니, 다낭 아직 안가봤죠?	→ _____?
4 언니 다낭에 아직 안 가 봤어요.	→ _____.
5 푸꾸옥, 다낭 그리고 나트랑에 가 봤어요.	→ _____.
6 저 베트남에 가 봤어요.	→ _____.
7 유명한 음식이 뭐야 다낭에?	→ _____?
8 다낭에 맛있는 음식이 많고, 바다도 예뻐요!	→ _____!
9 무엇을 사고 싶니.	→ _____.
10 무엇을 먹고 싶어요?	→ _____?
11 넴느엉 먹고 싶어요.	→ _____.
12 바지를 사고 싶어.	→ _____.
13 언니, 저에게 이 모델 size m으로 보여주실 수 있어요?	→ _____?
14 저 한번 입어 봐도 되요?	→ _____?
15 이 치마는 너무 넓어요.	→ _____.

16 언니, 사이즈 S 있어요. → _____.

17 이 신발 얼마예요? → _____?

18 저에게 가격표를 보여 주세요. → _____.

19 언니는 등 마사지를 받고 싶어요. → _____.

20 언니는 마사지 부드러운 게 좋아요. → _____.

21 계산할게요. → _____.

6, 7, 8, 9, 10과 복습

KR	VN
1 미딩에서 호안끼엠까지 얼마예요?	→ _____?
2 1일부터 5일까지, 저는 다낭 여행을 가요.	→ _____.
3 집에서 서호까지 멀어요?	→ _____?
4 저는 미딩에 가고 싶어요.	→ _____.
5 저는 단지 사이공에 가고 싶어요.	→ _____.
6 저는 치마만 사고 싶어요.	→ _____.
7 다이어트를 위해 언니는 샐러드만 먹어.	→ _____.
8 여기서 서호까지 단지 5분밖에 안 걸려요.	→ _____.
9 저는 여자친구와 베트남 여행을 갑니다.	→ _____.
10 언니 다낭에 아직 안 가봤어요?	→ _____?
11 언니 이 옷 아직 안 입어 봤어요?	→ _____?
12 오빠 출금 아직 안 했어요?	→ _____?
13 당신은 베트남 쌀국수를 아직 안 먹어 봤어요?	→ _____?
14 저 이미 비행기 표를 예약했어요.	→ _____.
15 저 nem nuong을 이미 먹어 봤어요.	→ _____.
16 언니는 이미 출금했어요.	→ _____.

17 언니 이 음식 트라이 해 볼 수 있어요? → _____ ?

18 출금을 위해 저 Mỹ Đình에
    가고 싶어요.   → _____ .

19 어깨쪽으로 집중해서 마사지를
    해 주실 수 있어요?   → _____ ?

20 마사지 약하게만 해 주세요.   → _____ .

MEMO

Veit Key

베트키 :
베트남어를 쉽게 배우는
치트키 북

ⓒ 이수연, 2024

초판 1쇄 발행 2024년 6월 17일

지은이	이수연
펴낸이	이기봉
편집	이수연
펴낸곳	도서출판 좋은땅
주소	서울특별시 마포구 양화로12길 26 지월드빌딩 (서교동 395-7)
전화	02)374-8616~7
팩스	02)374-8614
이메일	gworldbook@naver.com
홈페이지	www.g-world.co.kr

ISBN   979-11-388-3238-0 (03730)